Arno Gruen/Doris Weber

Hass in der Seele

HERDER spektrum

Band 5154

Das Buch

Was hindert den Menschen am Menschlichsein? Warum hänseln Kinder in der Schule ihre neue kleine, pummelige Mitschülerin, bis sie vor Scham in Tränen ausbricht? Warum bespucken und beschmieren und zerstören Menschen Grabsteine von Verstorbenen und verletzen damit zutiefst die heilsame Erinnerung an sie und die Gefühle derer, die ihnen nahe standen? Warum tritt eine Gruppe glatzköpfiger Jugendlicher einen hilflos am Boden liegenden dunkelhäutigen Mann zu Tode? – „Was macht uns eigentlich böse?": Diese Frage beschäftigt den Schweizer Psychoanalytiker Arno Gruen schon lange – und sie bekommt in Deutschland wie auch in ganz Europa vor dem Hintergrund der Fremdenfeindlichkeit und der rechtsradikalen Gewalt eine neue Dringlichkeit. – Gruens These: Schon als Kind werden vielen Menschen durch die Erziehung in einer generell kindfeindlichen Kultur gezwungen, die eigene Seele zu verraten. Der Hass in der eigenen Seele führt zum Hass gegen andere. Indem man andere abtut, verfolgt, peinigt und fertig macht, befreit man sich von dem Verdacht des Beschmutztseins.

In diesem Buch erhellt Arno Gruen im Gespräch mit Doris Weber politische, gesellschaftliche und individuelle Zusammenhänge und zeigt Auswege aus dem Hass auf.

Die Autoren

Arno Gruen, geb. 1923 in Berlin, 1936 emigriert; Psychoanalytiker. Seit 1958 psychotherapeutische Privatpraxis. Zahlreiche Publikationen. Arno Gruen lebt heute in Zürich.

Doris Weber ist Journalistin und lebt in Bremen. Sie ist bei der Wochenzeitschrift Publik-Forum verantwortliche Redakteurin für das Journal und die Jugendzeitschrift Provo. Außerdem verfasst sie Hörfunk-Features mit dem Schwerpunkt Sozialreportagen.

Arno Gruen/Doris Weber

Hass in der Seele

Verstehen, was uns böse macht

HERDER

FREIBURG · BASEL · WIEN

Gedruckt auf umweltfreundlichem,
chlorfrei gebleichtem Papier

www.herder.de
Satz: Satzstudio K&L, Freiburg
Herstellung: fgb · freiburger graphische betriebe 2001
www.fgb.de
Umschlaggestaltung und Konzeption:
R·M·E München / Roland Eschlbeck, Liana Tuchel
Umschlagbild: © Roland Tännler, Zürich
ISBN 3-451-34010-0

Inhalt

Vorwort

Zum ersten Mal begegnet bin ich Arno Gruen im Sommer 1989. Es waren seine Worte, denen ich begegnet bin und die ich seitdem immer wieder aufgesucht habe. Arno Gruen schrieb damals in seinem Buch „Der Verrat am Selbst" über den Menschen, der sich aus Angst vor der Freiheit lieber selbst verrät, das eigene Selbst zum Feind macht. Er schreibt: „Die Flucht vor der Verantwortung ist zutiefst die Furcht, ein eigenes Selbst zu haben. Es ist nicht die Furcht vor einer abstrakten Verantwortung, sondern es ist die Verantwortung sich selbst zu verwirklichen, die uns bedroht. Unsere eigene Lebendigkeit und die des anderen machen uns Angst. Bricht diese Lebendigkeit doch einmal durch, so steigt Wut auf, und wir selber wenden uns selbst gegen unsere eigene Freiheit. Es ist die Lebendigkeit selbst, gegen die wir uns stellen."

Lebendigkeit, Kreativität und Liebesfähigkeit, das sind die Schlüsselworte von Arno Gruen. Soviel Trauer fühlt er über den Menschen,der tot ist, obwohl er lebt, soviel Mitgefühl mit dem Menschen, der gelähmt ist, obwohl er singen, malen, spielen und tanzen könnte, soviel Schmerz über den Menschen, der sein Herz in Kälte erstarren lässt, um die Liebe nicht fühlen zu müssen. Arno Gruens zentrale These lautet: Der Verlust von Lebendigkeit, Kreativität und Liebesfähigkeit zeugt von Abhängigkeit und Unterwerfung, er führt zur Anpassung an die falschen Götter, er führt zu Hass und

Gewalt. Der Mensch ist ein Getriebener, eine innere Macht schickt ihn auf eine rastlose Suche, oft ein Leben lang – und es ist diese Suche, die dem Menschen zum Verhängnis wird. Wie kommt es zu dieser zerstörerischen Kraft, die den Menschen so böse macht? Behutsam und niemals belehrend zeigt Arno Gruen die verschiedenen Entwicklungsstufen eines Menschen auf, in denen er mehr oder weniger durch Erziehung und Lieblosigkeit von sich selbst weggeführt wird, in denen er durch seinen Willen zum Überleben und den ihm auferlegten Zwang zur Anpassung sich selbst verleugnet, verrät und das eigene Selbst zum Fremden erklärt. Arno Gruen fordert die Menschen auf, die „innere Macht" beim Namen zu nennen, den Schmerz zu riskieren und hinzuschauen, was mit dem Kind geschehen ist, bevor die fremden Mächte sein Innerstes besetzten und das lebendige Eigene aus seinem Leben vertrieben. Er fordert Mut zur Wahrheit, Mut zum Schmerz und Mut zur Trauer, denn nur über diesen Weg findet der Mensch zu seiner Lebendigkeit zurück, zu seiner Autonomie, die nicht Stärke und Überlegenheit bedeutet, sondern volle Übereinstimmung des Menschen mit seinen eigenen Gefühlen. Das ist freilich ein unpopuläres Anliegen in einer Welt, die alle menschlichen Werte „verdreht", in einer Welt der Rollenspieler, in der die Pose mehr imponiert als die Wahrhaftigkeit, das Image der Siegertypen mehr fasziniert als der Mut zur Schwäche, zum Schmerz und zur Liebe. In einer solchen Welt steht ein Mensch, der Liebe und Mitgefühl empfindet, auf einem einsamen, „verlorenen" Posten. Aber genau dort, auf den verlorenen Posten, sagt Arno Gruen, kann das wirklich Menschliche geschehen. Es ist eine Lust, Arno Gruen zu hören, zu lesen, mit ihm zu sprechen. Sein universales Denken und Wissen – nur alphabetisch angefangen bei Adorno über Meister Eckhart, Hermann Hesse, Kokoschka,

Lenin, die Marx Brothers bis hin zum Apostel Matthäus, über Nietzsche, Orwell, Proust, Rilke, Sophokles und Tucholsky zeugt von einer Heimat in der Welt der Dichter und Denker; sie sind seine geistigen Weggefährten auf der Suche nach Menschlichkeit und wahrer Autonomie, und sie gewähren einen Blick weit hinaus über die Grenzen der klassischen psychoanalytischen Schulen, in denen sich Arno Gruen nie vollends zu Hause fühlte.

Das Private ist politisch. Alle großen Machthaber, auch Hitler und Stalin, hatten eine Kinderstube, sagt Arno Gruen. Und es ist atemberaubend, wenn er mit dem hellen Strahl einer Taschenlampe in die dunklen Seelenkammern dieser Führer leuchtet. „Ich meine nicht, dass man mit Politikern psychoanalytisch reden soll. Ich meine, dass man jemandem, der lügt, sagen soll, dass er lügt." Solange wir glauben, „dass wir die Liebe dieser Leute benötigen, um erlöst zu werden, sind wir verloren", schreibt Arno Gruen, und weiter: „Wenn wir wieder lernen, andere Menschen auf eine natürliche Art empathisch wahrzunehmen, kann uns niemand mehr an der Nase herumführen."

Arno Gruen sagt es jedem ins Gesicht, wenn er lügt. Wenn man ihn an der Nase herumführt, dann wird dieser leise, kluge Mann wirklich böse. Nichts liegt ihm ferner als der Zynismus der Besserwisser, als die eitle Pose des Überlegenen. Er ist schweigsam und bescheiden, voller Mitgefühl mit den Menschen und voller Respekt vor ihrem Leiden, und seine Demut ist wahrhaftig, wenn er sagt: „Das ist es, was mich dauernd bewegt – dieser Versuch mich mir selber zu stellen. Mir selber ins Auge sehen zu können. Es geht nicht darum, was der andere denkt. Zuerst muss ich mich dauernd moralisch selbst anschauen, um zu sehen, ob ich mir genüge. Ob das, was ich tue, genügend ist. Ob ich dem entspreche, wovon ich glaube, dass ich ihm entsprechen sollte. Das ist ein ständiges Ringen, mit sich und auch mit der Welt."

Bremen, im Juni 2001 Doris Weber

1. Der Verrat am Selbst: Wie Hass und Terror entstehen

Der Mensch ist ein Getriebener. Eine innere Macht oder Kraft schickt ihn auf eine rastlose Suche, oft ein Leben lang. Und diese treibende Kraft ist es, die den Menschen böse macht. Das ist eine Ihrer zentralen Aussagen, und Sie nennen diese innere Macht „den Fremden in uns". Wer ist das, der Fremde in uns?

Der Fremde in uns ist der Teil von uns, der uns am meisten eigen ist. Also der Teil, der wirklich uns selbst gehört, der uns aber abhanden kam, weil wir kein Echo dafür bekamen, schlimmer noch: weil dieser Teil aus irgendeinem Grund von den Eltern, den Erwachsenen, die uns umgeben, nicht angenommen wurde, weil sie sich davor fürchteten oder weil sie davon nichts wissen wollten. Der Fremde in uns ist der Teil, der eigentlich mit uns, wie wir hätten sein können, am meisten zu tun hat. Und das ist unsere Tragödie: Wenn dieser Teil von uns selber uns zum „Fremden" wird, dann sind wir für den Rest unseres Lebens Getriebene, wir sind auf der Jagd nach diesem Teil, aber nicht in einem positiven Sinn. Wir suchen immer wieder den Kontakt zu diesem uns abhanden gekommenen Teil, um ihn zu bestrafen, um ihm Gewalt anzutun, wir wollen ihm das antun, was wir in unserer eigenen Geschichte erlebt haben. Wir geben andauernd weiter, was uns angetan wurde.

Dieser Fremde in uns ist zugleich der Teil, der am lebendigsten in uns ist, der uns, wenn er leben dürfte, unsere Persönlichkeit geben könnte, der uns helfen könnte, das zu werden, was wir sind, der uns zum Original machen würde und nicht zu einer Kopie?

Ja, das kann man so sagen. Reden wir von dem Menschen als einem Original: In so genannten primitiven Gesellschaften, wo die Beziehung zwischen Eltern und Kindern davon geprägt ist, dass Eltern ihre Kinder in ihrem „Sein" wirklich akzeptieren, haben Anthropologen immer wieder verwundert beobachtet, dass die Vielfalt von Persönlichkeiten viel breiter gefächert ist als bei uns. Der Respekt vor diesem Kind, das als unverwechselbares Original zu Welt gekommen ist, das so geliebt wird, wie es ist, das so leben darf, wie es ist, das ist wohl der Grund dafür, dass ein Kind sich ohne Angst vor Zurückweisung nach seinen ganz eigenen Möglichkeiten entfalten kann. Wir hier in unserer Kultur werden schon von Anfang an von dieser Lebendigkeit fern gehalten, wir werden eingeschränkt durch die Wünsche und Vorstellungen unserer Umgebung. Deswegen sind die Persönlichkeitsbilder, die wir von uns geben, viel reduzierter als bei Menschen, die eine Kindheit erlebt haben, die nicht so restriktiv war.

Warum ist es bei uns so anders? Ist das ein kulturelles Problem? Fühlen sich die Eltern selber so stark eingebunden in Normen und Regeln, haben sie Angst, dass das Kind sich anders entwickeln könnte, als die Gesellschaft es will? Dass es anstößig, auffällig wird? Die meisten Eltern haben doch zumindest den Wunsch, dass ihr Kind sich frei entfalten kann, so zu werden, wie es ist?

Eltern haben diesen bewussten Wunsch. Aber was wir als Menschen, die in einer Kultur aufgewachsen sind, wo wir uns einordnen mussten, wirklich tun, ist wieder etwas anderes. Wir haben Ideale, und die verwirren uns, denn das Bild, das wir von uns geben, stimmt oft nicht damit überein, wie wir wirklich sind. Die meisten Eltern wollen ja nicht destruktiv sein. Sie wollen ihre Kinder gar nicht einengen. Wenn sie es tun, tun sie es in dem Glauben, dass sie das Beste für das Kind tun. Sie erziehen das Kind zum Ehrgeiz, zum Wettbewerb, zum Gehorsam, und gleichzeitig passiert es, dass das, was dem Kind eigen ist, verworfen werden muss. Wir glauben, wir tun nur das Beste für das Kind. Aber in der Tat engen wir Kinder ein, denn sie müssen ja dem entsprechen, wovon wir glauben, dass es gut für sie sein wird. Und wenn sie sich nicht unterordnen, bestrafen wir sie und sagen: Es ist ja für dich und dein Leben gut, wir wollen doch nur dein Bestes. Das ist eigentlich die Quelle unserer Schwierigkeiten mit uns selber, mit der Welt, in der wir leben.

Haben die Eltern Angst?

Ja, aber die Angst ist meistens keine bewusste Angst. Das ist ja wieder ein Problem. Man darf gar nicht wissen, dass man Angst hat, weil man sich ja einst selber angepasst hat an das, woran man sich aus Angst anpassen musste. Kinder können nicht überleben, wenn sie keinen Zugang zu ihren Eltern haben. Deshalb tun sie alles, um den guten Willen der Eltern auf sich zu ziehen, um das aufrecht erhalten zu können, wovon sie glauben, dass es Liebe für sie ist. Kinder brauchen Liebe und Zuwendung, um zu überleben, und weil sie das so dringend brauchen, können sie es nicht aushalten, wenn Eltern kalt und ablehnend werden. Dann geht es ihnen so, wie es ein Patient von mir einmal schilderte:

„Ich kletterte die Wände hoch, und niemand bemerkte mich." Da war er ein ganz kleines Kind und niemand hörte auf seine wirklichen Bedürfnisse.

Aber zu erkennen, was mit uns passiert ist, was die Eltern, der Vater oder die Mutter, uns zugefügt haben, das bedeutet, sich auf einen großen, tiefen Schmerz einzulassen. Erst dann würden wir die eigene Angst, die uns bewegt, erkennen, erst dann würden wir wissen, warum wir so sind und warum wir wiederum mit unseren Kindern so umgehen. Dann würden wir wissen, was vor sich geht. Aber nein, wir wissen es nicht mehr. Wir haben Angst vor dem Schmerz und diesem Wissen. Denn um den Mythos der heilen Welt, mit dem wir erzogen wurden, aufrecht zu erhalten, dürfen wir noch nicht einmal von den Ängsten wissen, die uns wirklich bewegen und zu negativen Handlungen führen. Nur in den Zwischenräumen, in der Therapie, merke ich, dass dieser frühe Terror, den so viele Kinder erleben, weil sie in ihrem Sein nicht anerkannt wurden, eine zerstörerische Kraft ist, die wirklich tödlich sein kann. Schon der große amerikanische Psychologe William James, der damals Freud und Jung nach Harvard einlud, beschrieb Anfang des 20. Jahrhunderts, dass es tödlich ist, wenn ein Mensch von den anderen nicht anerkannt wird in seinem Sein, dass er sogar noch als Erwachsener daran verrückt werden kann. Menschen können daran sterben. Ich will damit sagen: Der Terror ist da, aber der Terror ist so groß, dass wir nicht damit leben können. Wir erleben ihn stattdessen als Angst vor dem Fremden.

Diesen Verwandlungsprozess nennen Sie den „Selbstverrat": Wenn ein Mensch in seinem Sein nicht anerkannt wird, deutet oder betrachtet er sich selbst mit dem negativen Blick im Sinne seiner ablehnenden Eltern. Das Kind sagt sich: Ich bin schlecht, weil meine Eltern mich nicht lieben können, es liegt an mir, denn meine Eltern sind gut. Das Kind wird sozusagen zum Komplizen seiner Eltern, es verrät sich selbst. Dieser Selbstverrat, das haben Sie schon in den siebziger Jahren geschrieben, findet in einem ganz frühen Stadium statt: Das Kind muss sich, weil es überleben will, den Eltern zur Verfügung stellen. Aber wie ist das möglich? Merkt denn ein Kind, kaum geboren, wirklich schon, ob es in seinem So-Sein anerkannt wird oder nicht? Kann ein neugeborenes Kind tatsächlich schon darauf reagieren?

Nun, wir haben sehr viele klinische Studien darüber, wie Kinder in den ersten Tagen, in den ersten Wochen ihres Lebens reagieren. In dem Buch der französischen Kinderpsychiaterin Eliachoff mit dem Titel „Das Kind, das eine Katze sein wollte" gibt es eine Geschichte von einem Kind, das zwölf Tage nach der Geburt zur Adoption weggegeben wurde. Es war fünf Wochen alt, es war also nicht mehr bei der Mutter, aber es gab Krankenschwestern, die sich sehr liebevoll mit ihm beschäftigten und dabei auch miteinander über das Kind sprachen. Plötzlich entwickelte dieser Säugling am ganzen Körper weiße Flecken, und an der medizinischen Fakultät der Universität von Paris konnte niemand etwas tun. Niemand verstand die Symptome, bis sie dann auf die Idee kamen, das Kind in die Kinderklinik von Eliachoff einzuweisen. Und dort fand man heraus, dass die Mutter gesagt hatte, dass das Kind von irgendwelchen Eltern adoptiert werden dürfe, nur nicht von solchen, die eine dunkle Hautfarbe haben. Der Vater des Kindes war ein Schwarzer gewesen, und etwas in der Mutter war völlig gegen diesen Vater eingestellt. Offensichtlich sprachen die Krankenschwestern darüber, während sie dieses Kind in der fünften Woche wickelten, und danach passierte es, dass die Haut des Kindes übersät war mit weißen Flecken. Eliachoff nahm das kleine Kind, wiegte es in ihren Händen und sagte zu ihm: „Hör zu, deine Mutter meinte es sehr gut mit dir. Aber weißt du, du hast ein Recht auf deine eigene Hautfarbe." Am nächsten Tag begann das Kind zu gesunden. Man kann nicht behaupten, dass Kinder die Syntax unserer Sprache so verstehen wie wir später als Erwachsene. Aber Kinder spüren schon im Mutterleib etwas von den Emotionen, die in der Mutter vor sich gehen, wie auch später nach der Geburt. Da gibt es viele Beispiele, die zeigen, dass Kinder schon sehr früh reagieren. Sie reagieren besonders auf die emotionalen Ausdrücke der Erwachsenen in ihrer Welt.

In meiner Studie über den plötzlichen Kindstod zitiere ich eine sehr interessante Arbeit von Professor Jochen Stork aus München. Er arbeitete mit einem Kind namens Caesare, das vom Plötzlichen Kindstod bedroht war. Das Kind war dauernd körperlichen Attacken ausgesetzt, es litt unter Atemausfall und Herzstillstand. Stork bat die Eltern zu Gesprächen. In der ersten Sitzung wurde etwas klar gesagt, das nie zuvor ausgedrückt worden war, nämlich, dass die Mutter mit ihrem Bild, das sie von diesem Kind hatte, in großem Konflikt war. Es entsprach nicht ihren Wünschen, wie ein Kind aussehen sollte. Sowieso hätte sie viel lieber ein Mädchen gehabt. Stork sprach ganz direkt mit dem Kind über diese Gefühle.

Er sprach mit dem sechs Monate alten Kind?

Ja, wirklich. Die Mutter kam mit dem Kind in das Zimmer. Eine Weile spielte es auf dem Knie der Mutter, dann nahm er es und sagte dem Kind, was er empfand über diese Zusammenkunft mit der Mutter, mit dem Kind selbst und mit dem Vater des Kindes. Er sprach das Kind direkt und persönlich an. Professor

Stork schilderte dem Kind seine Beobachtungen. Wie es war, als er mit der Mutter sprach, die das Kind auf ihren Knien hielt. Er sprach über alles, was er gesehen und empfunden hatte, und er sagte, dass dieses sechs Monate alte Baby mit seinen dunklen Augen ihn von Zeit zu Zeit mit wacher Aufmerksamkeit anschaute. Wenn Stork über die Beziehung der Mutter zu ihrem Kind sprach, nahm er bei dem Baby einen zögernden Blick voller Ängstlichkeit wahr, mit dem es kurz den Vater streifte. Stork sah, dass das Baby zugleich erschreckt und wie ein „schreckenerregender Dämon" aussah. Und dann machte er es darauf aufmerksam, dass die Mutter ihn in einer sehr wackligen Position hielt, sie hielt ihn eigentlich gar nicht. Er hätte ganz leicht herunterfallen können. Das hat etwas mit der Ablehnung seitens der Mutter zu tun, mit ihrem Konflikt mit dem Kind. Auch erzählte Stork dem Kind von seinen ängstlich dreinschauenden Augen und dunklen Haaren, die sich die Mutter ganz anders gewünscht hätte. Und dass es für die Mutter sehr arg sei, dass er nicht so aussehe, wie die Mutter ihn sich vorgestellt hatte. Stork schildert weiter, wie das Kind in dem Moment zum Vater schaut, wie es seinen Blick sucht. Er erzählt dem Kind auch, dass es so aussehe wie sein Vater. Er habe dieselben dunklen Augen und Haare, und eigentlich sei er ganz der Vater. Er spricht darüber ganz positiv. Das sind die Dinge, die er dem Baby sagt. Kurz und gut: Stork spricht die Wahrheit vor dem Kind aus.

Offen und schonungslos in das Gesicht eines sechs Monate alten Babys.

Ja. Wir denken immer, wir müssen alle beschützen. Und das Beschützen ist das, was uns kaputt macht. Nach dieser ersten Sitzung, in der die erlebten Gefühle mit diesem sechs Monate alten Kind ausgesprochen wurden, änderte sich Ceasares Symptomatik. Seine Schlafstörungen besserten sich, die Anfälle von Atemausfall und Herzstillstand blieben – mit einer Ausnahme nach der 13. von insgesamt ungefähr 32 Sitzungen – völlig aus.

Ceasares Geschichte macht deutlich, dass die fehlende Anerkennung der Emotionen und Wahrnehmungen eines Kindes, die Verletzung seiner Grenzen, einer Verleugnung seines Seins gleichkommt. Sie stellt nicht nur das Selbst des Kindes in den Hintergrund, sondern erstickt auch seine aufkommenden aggressiven Reaktionen auf diese Grenzverletzungen. Die Aggression hatte sich in diesem Fall nach innen gewendet. Die erste therapeutische Sitzung, die ich eben beschrieben habe, führte nachweislich zu einer Entspannung innerhalb der Familie, weshalb Ceasare auch zum erstenmal seine Wut nach außen lenken konnte. Zu Beginn der zweiten Sitzung, also gleich nach dieser ersten, habe die Mutter, so Stork, erzählt: Am Tag vorher habe Ceasare ganz fürchterlich zu schreien angefangen. Nicht so wie sonst, mit Tränen. Er hat sonst nie richtig geschrien, so etwas war bei ihm noch nie vorgekommen. Und auch in der Nacht sei das klägliche Weinen im Schlaf nicht mehr aufgetreten, sondern er sei verschiedene Male kurz aufgeschreckt, habe geschrien und sich wieder beruhigen lassen. Der unmittelbare Ausdruck seiner aggressiven Gefühle führte dazu, dass seine Mutter anfing, seine Existenz anzuerkennen. In ihren Augen, sagte sie, sei er größer und wichtiger geworden. Das heißt, wenn das Lebendige in einem Kind anerkannt wird, dann darf es als die ihm eigene Lebendigkeit erscheinen. Es braucht nicht zurückgewiesen, abgewiesen oder fremd werden.

Sie haben eben gesagt, wir wollen immer beschützen. Warum ist das etwas Negatives?

Wir denken, wir beschützen die Kinder, wenn wir ihnen nicht die Wahrheit sagen. Ein Beispiel: Eine Mutter ist wütend, aber sie denkt: „Man darf doch nicht wütend sein auf ein Kind." Also tut sie so, als ob sie liebend wäre, obwohl sie Wut spürt. Aber Kinder, ganz kleine Kinder, die haben die wahren Gefühle schon im Mutterleib erlebt, schon durch die Geräusche und Rhythmen der Zirkulation, der Bewegungen der Mutter, ihre emotionalen Zustände, denen sie ja direkt ausgesetzt sind. Sie erleben alles auf empathische Weise. Sie wissen, wann jemand Wut unterdrückt und wann nicht. Eltern möchten gut sein, sie möchten gut dastehen, vor sich und den anderen, deshalb verhüllen sie ihre negativen Gefühle und sprechen mit dem Kind so voller Güte. Das Kind aber erlebt und fühlt etwas ganz anderes. Wenn eine Mutter dagegen sagt: „Mensch, wenn du das tust, machst du mich wirklich wütend", dann braucht sie vielleicht gar nicht mehr wütend zu sein, sie kann sogar das Kind halten, sie kann es lieben, sie kann sich dessen bewusst sein, dass etwas passierte, weswegen sie auf das Kind wütend war. Wenn das jedoch nicht möglich ist, wenn die Mutter nicht zu ihren negativen Gefühlen stehen kann, dann darf auch ein Kind seine wahren Wahrnehmungen, seine echten Wahrnehmungen nicht wahrhaben. Und das, was wahr ist, aber was das Kind nicht wahrhaben darf, wird weggesperrt, wird Teil des Fremden in uns, der fortan nicht leben darf. Natürlich gilt all dies auch für den Vater.

Das ist also ein Teil des Prozesses, wie sich ein Mensch fremd wird: Das Kind darf nicht wahrhaben, was die Eltern fühlen. Weil die Eltern ihre Gefühle wie Wut,

Hass, Ablehnung verleugnen, darf es nicht auf das authentische Gefühl, auf das, was es wirklich wahrnimmt, reagieren. Es darf auch nicht wahrhaben, was es wirklich wahrnimmt. Was tut es stattdessen?

Es passt sich an, weil es ohne Zuwendung nicht leben kann. Es fängt an, die Eltern so zu sehen, wie sie gesehen werden möchten. Der Preis dafür ist, dass es seine eigene Sichtweise, sein eigenes Gefühl verleugnet, und auf diese Weise wird ein ganzer Teil dessen, was dem Kind eigen ist, abgestoßen, eingemauert, fremd. Das Kind wird sich selbst zum Fremden, und dann können zwei Dinge geschehen. Während ein Kind die aggressiven Gefühle, die ja doch existieren, gegen sich selbst, gegen sein eigenes Sein richtet, gibt es andere Kinder, die ihre Aggression nach außen richten. Und das sind die Kinder, die dann später dauernd andere entweder runtermachen müssen, andere angreifen, ja ihnen sogar körperlich Schaden zufügen müssen. Diese Kinder suchen dauernd Opfer, ob es nun Schwache sind im Fall von Jungen oder Mädchen, oder Zigeuner, Juden oder Afrikaner. Auf alle Fälle brauchen diese Kinder – auch später, wenn sie erwachsen sind – etwas oder jemanden, der ihnen das Fremde in sich selber, das sie wegweisen mussten, repräsentiert. Und dann wiederholen sie beim anderen, was ihnen angetan wurde. Sie fangen an, ihn zu bestrafen, denn das ist es, was sie selbst erlebten. Und auf diese Art geben sie weiter, was ihnen angetan wurde. Der Fremde in uns führt in zwei, nein, man könnte sagen, in drei Richtungen. Manche Menschen richten die Aggression völlig gegen sich, und andere richten diese Aggression völlig nach außen. Und dann gibt es viele Menschen dazwischen, die tun beides. Sie wüten gegen sich selbst und gegen die anderen.

Wir sprechen mittlerweile über den Hass.

Ja, denn das Fremde wird ja gehasst, weil es nicht dem entspricht, wie man nach Vorstellung der Eltern sein sollte. Ein Kind kann nicht darüber nachdenken, es spürt einfach, dass es nicht genehm ist.

Aber könnten wir uns nicht den Eltern widersetzen, könnten wir den Fremden in uns nicht trotzdem lieben? Was passiert, wenn wir gegen die Eltern handeln?

Das ist nicht so einfach. Ein Kind kann nicht gegen die Eltern handeln. Ein Kind ist doch viel zu hilflos, es ist ja ausgeliefert. Ich rede von Kindern, die einen Tag alt sind, eine Woche, zwei Wochen, einen Monat, sechs, acht Monate – das Kind ist ja wenigstens bis zum 36. Monat seinen Eltern ausgeliefert. Es kann ja gar nichts für sich tun. Später kann es trotzig werden, aber ohne die Quelle dieses Trotzes zu verstehen, wodurch der Trotz zu etwas Negativem wird, der das Kind als „böse" brandmarkt, genau, wie es die Eltern ja von ihm sagen. Sie sagen ja, dass das Kind nicht gut ist. Und nun „liefert" das Kind den Eltern die Bestätigung, nämlich, dass es unartig und schlecht ist.

Das Kind fühlt: Wenn ich nicht zum Komplizen meiner Eltern werde, werde ich sterben, verhungern, krank werden. Es merkt ja, dass es auch körperlich vollkommen auf die Eltern angewiesen ist.

Ja, natürlich. Ich denke, die Schizophrenie z. B. ist eine andere Antwort auf das, was Sie eben beschrieben haben. Um dem Druck zu entkommen, versucht der Schizophrene seine Welt, das meint ja am Anfang die Welt der Eltern, nicht an sich herankommen zu lassen.

Ein Beispiel: Eine Patientin, die dreißig Jahre in verschiedenen psychiatrischen Institutionen war, sagte mir: „Ich war einfach Magd." Magd sein bedeutet, sie war niemals sie selber, sie war nur da im Dienste der anderen. Mit anderen Worten: Sie führte nur die Befehle anderer aus. Aber sie tat nie, was sie selber zu tun wünschte. Deswegen konnte niemals jemand an sie herankommen und ihr die eigenen Wünsche verübeln oder sie für die eigenen Wünsche hassen, ablehnen oder bestrafen. Auf diese Art „rettete" sie den Kern ihres Selbst. Zugleich ist das natürlich eine Art, ihn zu töten oder daran zu sterben, weil man ihn nicht entwickeln kann. Doch dieser Kern bleibt so der eigene, auch wenn der Preis dafür sehr hoch ist. Der Preis ist eine Art lebendiges Sterben.

Und nicht der Verrat am Selbst?

Nein, ein Schizophrener tut das nicht. Der verrät sich nicht. Er ist ja nicht gehorsam im Sinne von „Ich will gehorsam sein". Nein. Ein Patient formulierte es mir gegenüber einmal so: „Solange ich nur das tue, was Sie wollen, ist ja mein Wille nie involviert, und so bleibe ich frei." Das ist etwas ganz anderes als bei den Gehorsamen, die darauf bestehen, gehorsam zu sein und die eine Tugend daraus machen und dann auch andere Leute benötigen, um gehorsam zu sein. Wenn andere nicht gehorsam sind, dann werden sie wütend und gewalttätig, denn sie müssen Gehorsam dauernd weitergeben. Es ist nur eine andere Variante, wie manche Menschen mit dem, was fremd gemacht ist, umgehen. Man kann die resultierende Wut gegen sich selbst wenden, man kann die resultierende Wut gegen andere Menschen wenden, oder man versucht, außerhalb der Wut und jeglicher Beziehung zu bleiben, indem man sich den Kern des eigenen Selbst von Berührungen fern hält.

Und das ist ja auch eine Art Krankheit, aber diese Pathologie kann ja nur verstanden werden, wenn wir sie im ganzen gesellschaftlichen Kontext verstehen, es ist nämlich der gesellschaftliche Kontext, der dazu führt, es ist nicht etwas, das dem Menschen angeboren ist oder so etwas.

Dann sind die gehorsamen, die angepassten, die leistungsfähigen Menschen, die, die ganz nach oben kommen wollen, die an den Schaltstellen der Macht in dieser Gesellschaft sitzen, möglicherweise pathologisch, denn dieser Gehorsam ist doch auch eine Variante der Anpassung, die sehr gewalttätig sein kann? Gewalttätig gegen die anderen, vor allem, wenn ich im Namen der hehren Moral handle: „Gehorsam sein ist etwas Gutes." Und deswegen muss ich auch auf dem Gehorsam von anderen bestehen.

Absolut. Ich denke, das ist genau das, was vor sich geht. Wir sehen nicht, was die wirkliche Motivation dieser Menschen ist, die nach oben kommen, denen wir dann zujubeln, weil sie so erfolgreich sind, die großen Führer, die Genies usw. Und die ist destruktiv. Ein Mann, der das fabelhaft beschrieben hat, ist Henrik Ibsen in „Peer Gynt". Dieser Mann, Peer Gynt, musste alles erobern – unter anderem auch die Wüste. Er sieht sie als schön und wunderbar, aber er kann die natürliche Schönheit nicht lassen, er muss sie in den Griff bekommen, bändigen, einen Staudamm und ein großes Elektrizitätswerk bauen.

Was ist jetzt das Pathologische daran? Wenn er so ein großer Welteneroberer ist, könnte man doch sagen, ein toller Typ. Die Eltern werden sicher sagen: „Wir sind stolz auf unseren Sohn!"

Stimmt. Das Erobern verdeckt das Destruktive und die Gewalt im Namen der Güte und des Gemeinnutzes. Das hat aber nichts mit Liebe zu tun. Sehen Sie sich doch an, was den Menschen jetzt im Namen der Globalisierung angetan wird. Aber das Leid, das Menschen wirklich angetan wird, zählt bei den Inhabern der Macht überhaupt nicht. Und das nenne ich pathologisch. Wenn der Mensch und seine Bedürfnisse nach Wärme und Zuwendung nicht mehr gesehen werden, wenn er aus dem Blickfeld gerät, dann nenne ich das pathologisch.

Und genau das passiert im Zuge der Globalisierung. Es geht hier gar nicht mehr darum, was für Menschen wichtig ist, das zählt gar nicht. Was zählt, ist, dass man wirtschaftliche Strukturen aufbaut, die dazu führen, dass man gewisse Produkte zum billigsten Preis produziert. Ob es Menschen zerstört, ob es ganze Kulturen zerstört, das ist unwichtig. Ganze Urwälder werden zum Beispiel abgeholzt. Das ändert natürlich auch das Klima usw. Wenn sich die Industrien immer noch weigern, die Produktion von Gasen, die die Erdatmosphäre zerstören, zu reduzieren, dann ist das pathologisch. Damit machen sie ja das Leben aller Menschen auf dieser Erde immer schwieriger. Vielleicht wird es irgendwann sogar unmöglich. Aber das, was zählt, ist der Profit, nicht der Mensch. Das nenne ich böse, gewalttätig und krank. Natürlich geschieht alles unter dem Deckmantel: „Es ist gut für dich."

Sie haben einmal geschrieben: Alle Menschen hatten eine Kinderstube, ob das ein einfacher Buchhalter, ein großer Feldherr oder der Präsident von Amerika ist. Die Auswirkungen der Destruktivität sind im kleinen Lebensbereich ebenso groß wie in diesen globalen Zusammenhängen. Ob jetzt einer die Natur foltert und zerstört, ob er Kriege führt und mordet oder ob ein Mensch zu Hause seine Familie, seine Kinder zerstört – der Ursprung des Hasses ist immer derselbe, er liegt in den frühkindlichen Erlebnissen.

Der Hass kann ganz direkt sein. Wenn jemand mordet, benötigt er Menschen, auf die er zuschlagen kann, da wird der Hass in der direkten Tat sichtbar. Und dann gibt es den Hass, der nicht direkt sichtbar ist. Wenn man zum Beispiel dabei ist, eine große *corporation* zusammenzustellen, durch die Menschen ausgebeutet und zerstört werden, oder wenn man die Menschen massenhaft manipuliert, dieses oder jenes Produkt zu kaufen, obwohl es schädlich ist für die Menschen, dann steckt dahinter etwas Destruktives, das man auf den ersten Blick nicht sieht. Es gibt eine Beziehung zwischen Hass und Terror. Hass führt immer zum Terror gegen das Menschsein. Aber dieser Terror ist oft getarnt. Diese Leute, die die Menschen manipulieren, sie in ihr Unglück führen, sehen ja meistens sehr gut aus. Sie tragen teure Kleidung, wirken gepflegt, sie geben sich das Antlitz des Menschseins. Das sind die Leute, die, wie Henry Miller einmal sagte, sich gar nicht erkennen würden, wenn sie sich selbst auf der Straße begegnen würden. Ihr Image und das, was sie wirklich sind, haben überhaupt nichts miteinander zu tun. Ein anderer, der genau das Gleiche einmal sehr wissenschaftlich ausgedrückt hat, war der Soziologe W. C. Mills von der Columbia Universität. Er hat das großartige Buch „The Power Elite" geschrieben, auf deutsch ist es unter dem Titel „Die Macht-Elite" erschienen. Mills beschreibt, wie solche Menschen, die der Macht so ergeben sind, gar nicht zurücktreten können von ihren Posten. Sie sind gefangen in ihrem Tun und der Notwendigkeit, ihre Macht aufrecht zu erhalten. Um das fertig zu bringen, sind Beziehungen für sie nur eine Plattform für Manöver, in denen sie durch gezieltes

Auftreten andere von ihrer Kraft, Willensstärke und Sicherheit überzeugen wollen. Wahre Gefühle bleiben dabei auf der Strecke. Echtes Selbst wird geopfert. Mills schreibt: „Man muss dauernd andere und auch sich selbst davon überzeugen, dass man das Gegenteil dessen ist, was man wirklich ist."

Es geht nur um die Pose.

Ja, und die Pose wird zur Wirklichkeit in dieser Welt. Das ist das Pathologische.

Denken Sie, wir leben in einem Zeitalter, in dem die Pose mehr zählt als die Wirklichkeit, mehr als die wirklich wahrhaftigen Menschen, die versuchen, authentisch zu sein?

Was war es denn mit Hitler? Hier ist ein Mann, der die Pose zum Extremen verwirklichte. Und er bewegte Millionen. Er löste einen schrecklichen Weltkrieg aus. Er bewegte Mörder überall. Und Millionen folgten ihm, folgen ihm noch immer.

2. „Ver-rückte" Wirklichkeit: Image und Pose als Ersatz für das Eigene

Offensichtlich sind gerade solche Leute, die die Pose sehr gut beherrschen, äußerst „begabt" für solche „Führerpositionen", und sie sind sehr gefragt. Warum zum Beispiel vertrauen sich so viele Menschen einem Sektenführer an? Brauchen sie immer wieder einen Führer, der ihnen sagt, wie sie denken, fühlen und handeln sollen? Der sogar die Macht besitzt, seine Anhänger zur Gewalttätigkeit zu verleiten. Zu Mord und kollektivem Selbstmord. In den rechtsradikalen Gruppierungen ist es nicht anders. Auch da folgen Menschen blind ihrem Führer und führen mörderische Befehle aus. Man hört täglich davon. Wie ist es möglich, dass so viele Menschen bereit sind, ihre eigene Identität aufzugeben und blind einem Führer zu folgen? Man weiß von Menschen in solchen Sekten oder radikalen Gruppierungen, dass sie sich sogar erleichtert fühlen, weil sie dazugehören dürfen, sie fühlen sich als die „Besseren", die Auserwählten, die das Recht haben, andere zu quälen und zu erniedrigen.

Das Problem beginnt sehr früh. Es fängt an, wenn Eltern ihren Selbstwert dadurch aufbauen, dass ihre Kinder ihr Verhalten als adäquat bestätigen müssen. Kinder werden dann zum Werkzeug des Werts der Eltern. Bei solchen Eltern spüren kleine Kinder schon früh die Schwächen, die hinter dem Verhalten ihrer Eltern liegen. Sie dürfen aber diese Wahrheit nicht bewusst leben, sie müssen, um mit ihren Eltern auszukommen, die

Propaganda, die Eltern über sich selbst als die Wirklichkeit verbreiten, ebenfalls als Wirklichkeit „erkennen". Es ist überlebenswichtig für solche Menschen, auf das Image zu reagieren, das die Eltern von sich geben, und mit diesem Image eine Verbindung zu schaffen. Das erhält Kinder am Leben. Sie wissen, wenn ich auf das Image reagiere und nicht auf die wirklichen Gefühle, dann lieben mich die Eltern. Kinder spüren, wie Eltern wirklich sind, ob sie böse sind, ob sie bestrafen. Und so fängt es an, dass Kinder geprägt werden, auf das Image der Eltern zu reagieren, als wäre es die Wirklichkeit. Hier fängt es an, dass ein Mensch seine Wahrnehmung umdreht und als Kind und später als Erwachsener auf der Pose eines Führers als echt besteht und Menschen mit echten Gefühlen verwirft, weil Echtheit ihnen Angst macht, denn „wahrheitliche" Wahrnehmungen wurden ja von den Eltern bestraft. So fängt es an, dass ein ganzes Volk einem unechten Menschen wie Hitler nachläuft und ehrliche Menschen verachtet und verschmäht.

Es gibt da diese fabelhafte Studie von Bluvol und Roskam von der City Universität in New York aus den frühen sechziger Jahren. Sie arbeiteten mit Schülern an einem Gymnasium in New York. Die Gruppe teilte sich von ganz alleine. Da waren diejenigen, die sehr erfolgreich waren, und da waren die anderen, die zwar keine Versager waren, aber für die der Erfolg nicht so wichtig war. Sie kamen in der Schule irgendwie durch. Das Interessante war, dass als die erste Gruppe, die so auf Erfolg erpicht war, gebeten wurde, ein Bild ihrer Eltern abzugeben, gaben sie immer idealisierte Bilder ab. Man konnte Mutter und Vater gar nicht auseinander halten. Und die Gruppe, die nicht so erfolgsorientiert war, gab differenzierte Bilder von Mutter und Vater. Sie waren nicht idealisiert. Sie sahen die Eltern mit ihren guten und mit ihren schlechten Aspekten.

Ich rede jetzt über jene, die auf den Erfolg getrimmt sind, denn die haben ja schon internalisiert, sie haben verinnerlicht, was Eltern wollen, weil für viele Eltern Erfolg so wichtig ist. Das sind aber auch die Eltern, die gleichzeitig darauf bestehen, dass nur ihre Vision der Welt die richtige ist, nicht die Vision, die Kinder selber gerne entwerfen würden. Sie reagieren nicht auf die Kinder und ihre eigene Kreativität und lassen sie nicht einfach so sein, wie sie sein möchten. Nein, das geht ja nicht, denn dann werden sie in den Augen der Eltern nicht erfolgreich sein. Hier haben wir am Beispiel dieser Gymnasiasten das Resultat dieser frühen Erziehung und ihrer Prägung. Was wir hier sehen ist die Konsequenz, die diese Prägung hat. Und es hat noch eine weitere Konsequenz. Kinder und Jugendliche, die von Eltern, für die Image und Pose das Wichtigste waren, geprägt worden sind, sehen nicht mehr die Wirklichkeit, und damit meine ich die innere Wirklichkeit. Wenn ich über Wirklichkeit rede, rede ich ja nicht davon, dass jemand über Megawatts spricht oder über soundsoviel Tonnen Öl oder Stahl, die produziert werden, ich rede von Image und Rollenspielen und Posen. Wir können immer öfter gar nicht mehr differenzieren zwischen Menschen, die wirklich Menschen zugewandt sind und jenen, die so tun, als ob sie zugewandt sind. Das ist etwas ganz anderes. Die spielen ein Spiel. Wir finden das Spiel attraktiver als das, was wahre Liebe oder wahres Entgegenkommen sein kann. Aber ich möchte meine Geschichte noch zu Ende führen. Das Interessanteste mit diesen Gymnasiasten in New York war, dass die Erfolgreichen dachten, sie wären autonom. Sie fühlten sich, im Gegensatz zu den Schülern, die weniger ehrgeizig waren und weniger Wert auf Erfolg legten, autonom, wenn sie andere in der Klasse heruntermachen konnten. Da sind wir wieder bei dem Fremden in uns. Denn dieses Verhalten geht Hand in Hand mit dem Hass gegen sich selbst, denn wenn man gelernt hat, das Eigene nicht zu lieben, dann fühlt man sich wohl, wenn man das Fremde in anderen bestraft, indem man den anderen heruntermacht, erniedrigt, quält. All diese Dinge kommen zusammen. Und jetzt komme ich zurück zu Ihrer Frage: Überall, im öffentlichen Leben, im politischen Leben, in politischen Gruppierungen und in sektiererischen Vereinigungen reagieren wir auf Menschen, die uns ein Image, eine Pose vorspielen. Nicht auf jene, die über Wahrheiten reden, über Schwierigkeiten, die machen uns Angst. Denn die Wahrheit zu wissen, das macht uns Angst.

Und später? Kann ein Jugendlicher, ein junger Erwachsener seine Sichtweise ändern, also zu seiner eigenen Wahrnehmung zurückkehren?

Manche schaffen es. Aber die meisten können es nicht, weil die Prägung viel zu stark ist. Hinzu kommt die unbewusste Angst: Wenn ich aufdecke, wenn ich erkenne, wer meine Eltern sind, geschieht etwas Schlimmes mit mir.

Mir fällt dazu eine Geschichte ein. Eine junge Frau nannte ihre Mutter eine „sehr begabte Schauspielerin". Die Mutter, ich habe sie an dem Geburtstag der jungen Frau auch einmal erlebt, spielte wirklich viel Theater. Sie betonte, wie sehr sie ihre Tochter liebe, dass sie sich immer Sorgen um ihre Tochter mache. Sie tanzte scheinbar sehr fürsorglich um ihre Tochter herum, so dass es auch Außenstehenden auf die Nerven ging. Ihre Tochter reagierte auf die Worte der Mutter immer sehr ablehnend, oft wütend. Die Mutter zeigte sich gekränkt und klagte öffentlich: Meine Tochter liebt mich nicht. So machte sie sich auch noch zum

Opfer ihrer Tochter und ihre Tochter zur Täterin. Die Tochter fühlte sich missbraucht und schimpfte über ihre Mutter. Ihre Freunde sagten: Lass sie doch, sei doch gnädig mit deiner Mutter, sie ist doch eine ältere Frau, solange du dich über sie ärgerst, bist du immer noch als Kind an deine Mutter gebunden, du musst dich lösen von deiner Mutter usw. Aber die Tochter kochte vor Wut, sie fühlte sich ohnmächtig, und sie sagte: Das Schlimme ist, ich habe keine Beweise, ich kann nichts aufdecken, aber ich fühle, dass nichts stimmt, es ist alles nur Pose. Ja, sie nannte das Wort Pose. Je mehr die Mutter ihre Liebe zu ihrer Tochter beteuerte, desto wütender wurde die Tochter.

Eines Tages war die Mutter bei der Tochter zu Besuch, sie übernachtete dort, und am nächsten Morgen lag die Tochter ziemlich krank und elend im Bett. Sie hatte wahrscheinlich am Abend zuvor zuviel geraucht und getrunken. Es ging ihr sehr schlecht, sie war ganz bleich im Gesicht, ihr Kreislauf war zusammengebrochen. Und dann trat die scheinbar so besorgte Mutter an das Bett ihrer Tochter und sagte ganz kalt und unbeteiligt: „Ich muss jetzt gehen, ich muss die Katzen füttern." Die Mutter betrieb so eine Art Heim für verlassene Katzen. Sie war für die Tiere eine echte Wohltäterin. Sie ging und ließ ihre kranke Tochter in ihrem Elend zurück. Sechs Stunden später rief die Mutter an und erkundigte sich äußerst besorgt, ob es ihrer Tochter wieder besser ginge, sie habe sich so viele Gedanken gemacht, und es habe ihr furchtbar Leid getan, ihr Kind in diesem jämmerlichen Zustand zu sehen.

Als die junge Frau mir diese Geschichte erzählte, erlebte ich sie sehr heiter, gelassen, geradezu erleichtert. Sie sagte mir, dass sie in diesem Moment den Beweis hatte, den sie vorher ein Leben lang gesucht hatte, nämlich, dass ihre Mutter wirklich nur Theater spielte, dass ihre vorgeführte Liebe in Wirklichkeit eine

Pose war. „Ich wusste das schon immer. Aber jetzt habe ich zum erstenmal begriffen, dass sie mich nie wirklich gemeint hat", sagte sie und war nicht traurig. Ist das ein passendes Beispiel?

Ja, das ist ein fabelhaftes Beispiel. Es beleuchtet aber auch, dass viele Menschen, die es wagen könnten, die Wahrheit zu sehen, kritisch zu sein, es trotzdem nicht tun. Es versetzt sie in Schrecken. Der Schrecken wiederum verwandelt sich in eine unbewusste Angst, indem sie denken: Oh, ich bekomme jetzt Krebs! Oh, ich bekomme jetzt einen Schlaganfall! So zeigt sich der Terror in diesen Dingen.

Ich kenne Leute, die in tiefste Verzweiflung geraten, wenn sie merken, dass die Mutter in Wirklichkeit nicht so war, wie sie sich gab, dass sie in gewissem Sinne sogar mörderisch war. Eine Patientin von mir wurde von ihrer Mutter im Stich gelassen, sie floh vor den Russen, als diese in Ostpreußen einmarschierten. Da waren Dinge passiert, die zeigten, dass die Mutter wirklich überhaupt gar keinen Gedanken für ihre Tochter hatte. Sie hat sie fast nur als Opfer missbraucht. In dem Moment, als die Patientin das sah, kam sie innerhalb von wenigen Sekunden zu dem Entschluss: Ich muss mich vom Balkon stürzen.

War es die Verzweiflung über das, was die Mutter ihr angetan hatte? Weil sie plötzlich die Wahrheit über die Mutter sieht? Ich darf meine Eltern nicht verraten, stattdessen verrate ich lieber mich selbst?

Ja. Ja, leider.

Sie schreiben in diesem Zusammenhang von Scham und Schuld – ist es das, was Menschen dieses Schamgefühl bereitet? Dieser Verrat am Selbst?

Wenn sie sich dessen bewusst werden, dann würde ich sagen, ist es noch hoffnungsvoll, dann kann es nämlich mal zu etwas führen. Aber bei vielen wird der Selbstverrat quasi zur Normalität. Und wie. Betrachten Sie das Problem einmal auf der gesellschaftlichen Ebene. Vor kurzem sind in Deutschland in der Friedrich-Ebert-Stiftung Studien über Rechtsextremismus und Gewalt erschienen, und dort wird belegt, dass ungefähr zwei Drittel der deutschen Bevölkerung daran glauben, dass Deutschland eine starke Hand braucht, dass nur einer, der durchgreift und eine starke Partei im Rücken hat, es schaffen kann, die gegenwärtigen Probleme in den Griff zu bekommen. Aber diese Suche nach einer starken Hand ist die Prägung durch den Vater, z. B. als der, der dir sagt, wie es geht. Der, der die Regeln setzt, der Gehorsam verlangt. Zwei Drittel haben keinen Zweifel daran! So, da haben wir die politischen Konsequenzen dieser Sache. Und das nicht nur in Deutschland. Man soll nicht denken, dass nur die Deutschen gehorsam sind. Man findet dasselbe in den Vereinigten Staaten, sogar in Kanada, in Südamerika, in China, Russland – in allen Gesellschaften, in denen die Kultur auf Macht und Besitz aufgebaut ist.

Gibt es Kulturen, wo das nicht der Fall ist?

Ja, es gibt kleinere Kulturen, Gott sei Dank existieren sie. Die Yequana in Venezuela, das ist nur eine Gruppe, die mir einfällt, oder die Pueblo-Indianer in Pawnee in Amerika, da gehen die Menschen ganz anders miteinander um.

Doch gerade diese Kulturen werden ziemlich aggressiv bekämpft. Man versucht ja, genau solche Kulturen zu zerstören.

Ja, leider ja.

Mir kommt gerade noch einmal die Studie von C. Wright Mills, dem amerikanischen Soziologen, in den Sinn. Wir sprachen vorhin über die New Yorker Gymnasiasten und über die Pose der Macht und scheinbare Autonomie. Es ist nämlich so: Diese Menschen, die nur eine Pose leben, müssen ständig auf Anerkennung pochen, weil jede Beziehung für sie nur eine Plattform für ein Manöver ist. Sie haben keine wahren Beziehungen, müssen zum Beispiel andere von ihrer Pose der Aufrichtigkeit überzeugen. Sie müssen dauernd andere und auch sich selbst davon überzeugen, dass sie das Gegenteil dessen sind, was sie wirklich sind, also scheinbar groß, mächtig, alles besserwissend, stark, souverän usw. Dass sie sich minderwertig fühlen, muss mit der Rolle der Stärke und Souveränität übertüncht werden. Aber das darf niemand erkennen, am wenigsten sie selbst.

Das ist sehr schwer zu erkennen, dass die Pose nichts mit der wahren Persönlichkeit, die sich hinter der Pose versteckt, zu tun hat.

Ja. Vor dreißig Jahren hat M. Maccoby, ein Student von Erich Fromm, ein interessantes Buch über Manager in Amerika geschrieben. Maccoby beschreibt eine dieser Gruppen. Die Manager treffen sich jedes Jahr woanders, und dort wird ein Schauspiel aufgeführt. Sie lachen dabei über sich selbst. In einer Szene spricht ein großer Manager von seinem Sohn, der gerade wieder einmal durch eine Prüfung gefallen ist, und der Vater sagt: Ja, da müssen wir dich in dieser Gruppe unterbringen oder in jenem Geschäft. Und dann sagt der Vater zu ihm: „Aber Menschenskind, sag nur nicht deiner Mutter, dass du wieder durchgefallen bist." Da sagt der Sohn zum Vater: „Dad, Mutter ist doch vor drei Jahren gestorben."

Was drückt dieses Szene aus? Der Vater ist so weit entfernt von sich und anderen Menschen, sogar von jenen, die ihm scheinbar am wichtigsten sind, wie seine Frau, dass er noch nicht einmal gemerkt hat, dass sie gestorben ist. Das meine ich mit „Pose". Die Pose übernimmt die Wirklichkeit der Gefühle und der Beziehung. Und dieses Verhalten etabliert sich nach meinen Beobachtungen im privaten wie im öffentlichen Leben immer mehr.

Das heißt, wir leben in einer Gesellschaft, in der die Pose mehr zählt als die Wirklichkeit?

Das wird immer stärker, es durchdringt auch immer mehr die Politik. Wenn man bedenkt, die Milliarden, die im Wahlkampf 2000 in Amerika ausgegeben wurden – es ging überhaupt nicht darum, wer diese zwei Menschen, Gore und Bush, eigentlich sind; es ging nur um die Pose, die fabriziert wurde, und es ist erschreckend, dass Menschen darauf hereinfallen.

Warum fallen so viele Menschen darauf herein?

Jetzt sind wir wieder bei dem Wort Prägung. Die passiert sehr früh. Ich nenne es Prägung, weil Lebewesen so früh geprägt werden, in der Beziehung zu den wichtigsten Erwachsenen nicht zu sehen, was zu sehen ist, sondern sie werden geprägt, auf das Image, das Eltern ausstrahlen, einzugehen, als ob dieses ihre Wirklichkeit spiegelte. Es gibt dazu ein großartiges Beispiel, es basiert auf einer Untersuchung der New Yorker Universität. Das australische *Tracer sheep* – das ist eine bestimmte Art von Schaf – kreiste beim Weiden immer um die Mutter. Nachdem die Mutter gestorben war, kreiste es immer weiter um ihren Kadaver. Nach einer Weile verweste dieser Kadaver. Dann suchte sich das

Schaf irgendetwas, das ein bisschen wie ein Hügel aussah, und diese kleine Erhebung übernahm die Rolle der Mutter, und für den Rest seines Lebens kreiste dieses Schaf immer wieder um diesen kleinen Hügel. Das ist es, was ich mit früher Prägung meine. Menschen werden auf das Image, das die Eltern darstellen, geprägt. Darauf, wie die Eltern wollen, dass ihre Kinder sie sehen. Die Kinder sollen dann auf das Image reagieren und nicht sehen, was in den wirklichen Eltern vor sich geht. Wenn die Kinder ihre Sichtweise nicht zugunsten ihrer Eltern ändern, d.h. verdrehen, wenn sie sich nicht für eine falsche Wahrnehmung entscheiden, dann werden sie weiter sehen, wie die Eltern wirklich sind und fühlen. Aber das bringt Kinder in Gefahr, wenn Eltern auf ihre Propaganda über sich selber als Wahrheit bestehen.

Warum geraten Kinder in Gefahr, wenn sie die Wahrheit bei ihren Eltern sehen und darauf reagieren?

Weil es ein Gebot in unserer Kultur ist, die Eltern als liebend zu sehen. Es ist verboten, die Eltern als böse, hasserfüllt, kalt, ablehnend zu erleben, und viele Eltern benötigen das Image, die Pose der liebenden, fürsorglichen Eltern. Wenn ein Kind auf die wahren Gefühle der Eltern reagiert, wenn es weint oder sich unglücklich zeigt, bereitet es den Eltern unangenehme Gefühle, denn angesichts eines unglücklichen Kindes können sie ja nicht mehr die Pose der liebenden, mitfühlenden Eltern aufrecht erhalten. Das Kind zeigt ihnen, dass in der Beziehung etwas nicht stimmt, das können viele Eltern nicht ertragen, und sie werden böse, kalt und ablehnend. Deshalb entscheidet sich das Kind, die Lieblosigkeit der Eltern weder als Lieblosigkeit zu sehen noch zu fühlen. Wenn die Eltern lieblos reagieren, sucht das Kind entweder die Schuld bei sich oder es sucht Erklärungen für das Verhalten der Eltern, die auf jeden Fall das Image des „guten Vaters" oder der „guten Mutter" nicht zerstören. Es rettet sozusagen gegen sein eigenes Gefühl die Pose der Eltern.

Ich gebe Ihnen noch ein Beispiel: Es gab eine Befragung gleich nach dem Krieg in Deutschland. Die Amerikaner haben in Deutschland viele Befragungen durchgeführt, um etwas über die Deutschen herauszufinden, über das, was da im Nationalsozialismus vor sich ging. Da wurden in einer Studie 83 Deutsche über ihre Einstellung zur Autorität des Vaters befragt. Hier eine Antwort: „Als wir klein waren, hatten wir außerordentlichen Respekt vor unserem Vater. Wir fürchteten ihn mehr als wir ihn liebten. Einmal befahl er mir, von einem Holzhaufen zu springen. Ich tat es, aber ich verstauchte mir den Fuß als ich herunterfiel. Als mein Vater zu mir kam, gab er mir eine Ohrfeige. Er war sehr streng. Er liebte uns, aber er konnte es nicht zeigen. Ich nehme an, es war seine männliche Bescheidenheit." Hier wird der Vater als ein Liebender idealisiert – was der eigentlichen Situation des Sohnes überhaupt nicht entsprach. Dasselbe sehen Sie in der Biographie, die der Sohn des Panzer-Generals Kurt Meyer („Geweint wird, wenn der Kopf ab ist", Herder, Freiburg 1998) geschrieben hat. Dieser Panzer-General schrieb seiner Frau: „Und Du musst die Kinder richtig einführen, damit sie Schwimmen lernen. Wirf sie ins Wasser ..." Das waren alles grausame Arten der Erziehung. Oder einmal lief er, der Sohn Kurt Meyer, mit seinem Vater um ein Denkmal, ein Kriegerdenkmal. Er wollte so groß sein wie sein Vater, so sprang er auf die Mauer, damit er mit dem Vater zusammen auf einer Höhe sein konnte. Daraufhin hat er einen fürchterlichen Schlag von dem Vater bekommen, nicht nur eine Ohrfeige. Trotzdem blieb es für ihn dabei: Sein Vater liebte ihn.

Offensichtlich üben Kinder gegenüber Eltern, Lehrern, Cliquen und Führern diese, wie Sie es nennen, pathologische Treue, d. h. eine Treue bis zum Selbstverrat, aus. Es sind ganze Nationen und Völker, die kollektiv dieser pathologischen Treue verfallen. Und diese pervertierte Treue führt zu Abhängigkeit und Gewalt. Denn der vermeintlich treue Mensch ist doch bereit, alles zu tun, was der „Führer" befiehlt, und zugleich, wenn er gewalttätig wird, rechtfertigt er sich, dass er es im Namen seines Führers, im Namen einer „guten Sache", aus Gehorsam ausübte.

Früher habe ich von der Identifikation mit dem Aggressor gesprochen. Ferenczi war der erste unter den Analytikern, der das 1932 in einem sehr interessanten Vortrag mit dem Titel „Sprachverwirrung zwischen Erwachsenen und Kindern" beschrieb. Dieser hat ihm damals viele Feinde unter den Analytikern gebracht. Die meisten wollten nichts davon wissen, was zwischen Eltern und Kindern vor sich geht, weil auch sie die Eltern-Kind-Beziehung als heilig sahen. Und wenn Kinder ihre Wahrheit über die Eltern aussprachen, dann war das immer eine grausame Phantasie der Kinder und nicht etwas wirklich Grausames, das sie mit Eltern und anderen erlebt hatten. Aber in diesem Spannungsfeld zwischen wirklich Erlebtem und dem, was als „Wirklichkeit" zugelassen wird, liegen die Quellen unserer Leiden und seelischen Krankheiten. Ich hatte eine Patientin, die drei Jahre bei einem sehr bekannten Analytiker in Behandlung war. Diese Patientin war noch keine drei Jahre alt, als sie von ihrem Vater sexuell missbraucht wurde. Als sie sich gegen ihren Vater auflehnte, hat er sie gegen die Wand geschleudert, und sie erlitt einen Schädelbruch. Sie war dann im Spital. Ärztliche Krankenberichte belegen diese schweren Misshandlungen, und trotzdem glaubte ihr Psychoanalytiker ihr nicht. Er redete die ganze Zeit davon, dass es ihre Phantasie sei.

Warum hat er das gesagt?

Eltern tun doch so etwas nicht ... Der Analytiker hält seine eigene Angst auf diese Weise von sich. Es ist eine Theorie vieler orthodoxer Analytiker, dass es hier um eine Missbildung im Phantasieleben der Patienten geht. Für sie geht es nicht um Realität.

Aber genau dieser Vorgang ereignet sich doch in der frühen Prägung eines Kindes. Die wahre Sichtweise wird einfach umgedeutet, damit die Realität nicht erkannt wird. Und dasselbe macht nun der Analytiker. Er bedient sich einer Theorie, um die eigene Prägung, die eigene verkehrte Sichtweise, zu verteidigen und beizubehalten. Und der Patient soll es auch. Er behauptet, dass das wahre Empfinden der Patientin oder des Patienten, wenn es die Eltern als gewalttätig entlarvt, einer missgebildeten Phantasie entspringe. Da wiederholt sich doch für den Patienten ein Kindheitsdrama. Endlich fasst man den Mut, die Wahrheit in der Psychoanalyse auszusprechen, da sagt ihm der Psychoanalytiker: Das ist nicht die Wahrheit, du phantasierst. Wird der Psychoanalytiker hier zum Komplizen der Eltern?

Ja. Und das ist das Schlimme. Es ist heute noch so wie in Freuds Tagen. In seinen ersten Publikationen über Hysterie und in seinen Beobachtungen in Paris löste sich Freud ja davon, dass es sich beim Missbrauch der Eltern um eine Missbildung im Phantasieleben des Patienten handelt. Und als er zurückkam nach Wien, beschrieb er den Missbrauch seitens der Eltern ja sehr deutlich. Erst später wurde das zur Phantasie der Kinder umgedeutet. Was ich sagen will: Es gibt Analytiker, die immer noch darauf bestehen, dass die Wirklichkeit nicht existiert. Deshalb hatte es Ferenczi mit seinem Vortrag über die „Sprachverwirrung zwischen Erwachsenen und Kindern" sehr schwer bei seinen psychoanalytischen Kollegen.

Bereits 1961 erschien im „Nervenarzt" ein Artikel über pathologische Treue von dem Psychosomatiker Friedtjov Schaeffer aus Heidelberg. In diesem Artikel geht es um eine dermatologische Krankheit, die die von ihm beschriebene Patientin entwickelte, eine Krankheit, die lebensbedrohlich war. Es ging in der Geschichte dieser Frau um die pathologische Treue. Da war die Großmutter, die den Platz ihrer Mutter eingenommen hatte und mit ihr höchst unmenschlich, sadistisch und quälerisch umging. Die Großmutter war auch gewalttätig, und alle menschlichen Regungen der Patientin wurden von der Großmutter und dann auch von der Patientin selbst als hassenswerte Schwäche bekämpft. Deswegen die Bezeichnung „pathologische Treue". Die Patientin war der Großmutter völlig ergeben, sie tat alles für sie, sie verteidigte sie, sie gab ihr eigenes Leben auf, die Möglichkeiten, ein eigenes Leben mit Männern zu leben, mit Männern, die sie liebten. Stattdessen hatte sie nichts. Aber die Treue war absolut. Hier ist ein extremer Fall, wie ein Mensch geprägt wird und seinen eigenen Wert nicht mehr erkennt, den wahren Wert der Eltern, in diesem Fall der Großeltern, umdreht und als etwas Wunderbares ansieht. Diese Frau rechtfertigte dann all die Missstände in ihrem Leben auch moralisch und verteidigte sie.

Das meine ich. Wenn ein Mensch diese pathologische Treue hält, oder wenn er die Pose zur Wahrheit erklärt, dann müssen sich doch dementsprechend alle Wertmaßstäbe umbilden. Was „böse" ist, wird dann als

„gut" gedeutet. Es entsteht eine im wahrsten Sinne des Wortes „ver-rückte" Wahrnehmung, mit der die Menschen sich selbst, die anderen und die Welt betrachten. Und mit der Umbildung des Wertesystems können menschenverachtende Handlungen, Verrat, Missbrauch, Quälerei, Sadismus gerechtfertigt werden. Ich denke nur daran, dass schon in Kindergärten und Schulen Kinder und Erwachsene durch Mobbing bis an den Rand der Verzweiflung, in Krankheit und Selbstmord getrieben werden. Der Hass gegen andere wird nicht mehr als zerstörerischer Akt gesehen, sondern als etwas, das sein muss. Menschen werden verfolgt, gejagt, getötet, weil die Jäger, Verfolger und Mörder sich im Recht fühlen. Erzeugt pathologische Treue nicht eine völlig verkehrte Welt, stellt sozusagen die Wahrheit auf den Kopf?

Ja, so ist es. Es fängt ja an mit dem Terror, dem ein Kind nicht gewachsen ist. Wenn Eltern kalt reagieren, weil das Kind diese oder jene Lebensäußerung von sich gibt, dann ist das für Kinder ein sie bedrohender Terror. Wenn Eltern Kinder nicht in ihrem eigenen Sein annehmen, in ihrer Lebendigkeit, ihren spielerischen Seiten, das Lächeln eines Säuglings, wenn sie das nicht erkennen, wenn sie das ablehnen, dann produziert das Terror. Ich erlebe es mit Patienten – es ist schrecklich. Man kann mit dem Schrecken nicht leben. Man verwandelt es in etwas anderes. Oder man wird ohnmächtig.

Im letzten Jahr des Zweiten Weltkrieges stieg die Zahl der seelisch traumatisierten Verwundeten in der amerikanischen Armee enorm, so dass viele von uns, die eine psychologische Ausbildung hatten, aus ihren Einheiten herausgezogen wurden, um als Therapeuten eingesetzt zu werden. So arbeitete ich im letzten Jahr mit solchen vom Krieg seelisch traumatisierten Menschen. Wie integriert ein Mensch den Horror des Krieges? Zum Beispiel: Menschen fliegen in die Luft und werden zerrissen. Im Allgemeinen entstanden zwei Reaktionen: entweder verschwand das Bewusstsein für diese Minuten, Stunden oder Tage völlig, d. h., es waren keine Erinnerungen mehr da, oder aber etwas anderes hatte an dieser Stelle seinen Platz eingenommen. Wenn man mit diesen Leuten früh genug, innerhalb von ungefähr 36 Stunden nach dem furchtbaren Ereignis, arbeiten konnte, konnte man öfters diese Dinge, die so traumatisch waren, zurückbringen und reintegrieren. Ich spreche hier von Erwachsenen, nicht von Kindern. Aber sogar bei Erwachsenen ist es schwierig. Wenn die therapeutische Arbeit nur Tage später begann, nahm sie eine viel längere Zeit in Anspruch. Die Beschreibung der Folgen solcher traumatischen Ereignisse sind nicht nur Gegenstand der psychologischen Literatur. Große Dichter haben sich immer wieder damit befasst. Rainer Maria Rilke erkannte intuitiv diesen Zusammenhang. Es gibt von ihm ein langes Gedicht mit dem Titel „Die Weise vom Lieben und Tod des Cornets Christoph Rilke", das eine Situation während eines Kreuzzuges schildert. Christoph Rilke war ein Vorfahre von Rainer Maria Rilke. In dem Gedicht wird der Held von einer Gruppe von zehn oder zwölf Heiden umzingelt, sie schlagen mit gekrümmten Säbeln auf ihn ein. Und in diesem Moment erlebt er die auf ihn niederschlagenden blitzenden Säbel „als einen lachenden, auf ihn niederrieselnden Wasserbrunnen". Hier haben wir einen symbolischen Ausdruck für das, was passiert: Man kann mit dem Terror nicht leben! Und das ist ein Grund, warum Kinder das Erlebte umwandeln und die Wirklichkeit, die Pose der Eltern, als die einzig richtige Wirklichkeit aufnehmen. Man vereinigt sich mit dem Terror und der Macht. Um als Säugling, als Kind, unsere eigene Einheit zu bewahren, um unsere seelische Einheit zu schützen, werden wir blind, damit wir den uns konfrontierenden Terror nicht registrieren müssen.

Das heißt, die Rettung vor dem Terror fordert einen sehr hohen Preis.

Ja. Es ist eigentlich eine Art Halluzination, eine halluzinierte Einheit, mit dem uns bedrohenden Anderen. Und in dem Grad und in der Intensität, wie diese Dinge passieren, verlieren wir unsere eigene Identität.

Das Fremde in uns wird quasi die Instanz für unsere verlorene Identität? Für die Lücke, die wir haben?

Ja, aber wir hassen es. Weil es das ist, was uns bedroht in unserer Beziehung zu den Eltern. Denn das Fremde ist das Eigene, das wir nicht als das Eigene anerkennen dürfen, was uns durch die Eltern schlecht gemacht wurde.

Wir übernehmen ja die Sichtweise der Eltern. Ich hatte einen Patienten, von dem ich schon ein paar mal gesprochen habe. Die Idee, dass er Kinder haben könnte, war für ihn unmöglich, er konnte Kinder nicht aushalten. Er dachte, wenn sie schreien, wenn sie spielen, wenn sie Lärm machen, würde er das Kind nehmen und gegen eine Wand schleudern. Und weil er so etwas nie tun wollte, entschloss er sich, keine Kinder zu haben.

Die Lebensgeschichte dieses Mannes ist ein Leben mit einem Vater, der ihm gegenüber äußerst gewalttätig war, der ihn schon als kleines Kind, er war nur ein paar Monate alt, zusammenschlug. Einmal, da war er schon etwas älter, schlug der Vater ihn so brutal, dass, es war das erste und einzige Mal, die Mutter dazwischen ging, weil sie befürchtete, dass der Vater das Kind töten würde.

Dieser Mann, der zu mir in die Therapie kam, konnte die Lebendigkeit von Kindern nicht aushalten. Das war es, was er hasste, Kinder und ihre Lebendigkeit. Es war das eigene Leben, das er nie leben konnte. Er kam in die Therapie, weil er merkte, etwas stimmt nicht. Und allmählich erkannte er, dass das, was er in sich hasste, er selber ist, und dass er es nicht mehr zu hassen braucht.

3. Warum wahre Liebe unerträglich ist: Der vergebliche Wunsch nach Nähe und Wärme

Sie haben an anderer Stelle gesagt: Die Menschen suchen immer „draußen" das Glück, die Liebe, die Wärme, sie suchen draußen, was sie in sich selbst weggeschlossen haben. Ist diese Suche die Sehnsucht des Menschen, dass endlich jemand kommen möge, der uns wirklich liebt, der uns erlöst von dieser rastlosen Suche, der das wieder gut macht, was die Eltern uns schmerzhaft vermissen ließen? Das Ergebnis dieser Suche ist doch, dass dieser ersehnte Mensch nie kommt.

Nein, der kommt nie, weil wir ja auf zwei Dinge fixiert sind. Punkt eins: Wenn wir ganz früh zum Opfer gemacht wurden, weil die Eltern uns ja in unserem Sein nicht entgegenkamen, bleiben wir gefangen in einem Schuldgefühl. Es geht ja um unser Überleben. Deshalb können wir gar nicht glauben, dass die Eltern uns nicht lieben, dass sie nicht fähig dazu sind. Wenn wir das als Säuglinge erkannt hätten, dann wären wir in eine tiefe Depression versunken und gestorben. Also deuten wir das Geschehen um, um am Leben zu bleiben, nehmen also die „Schuld" auf unsere Schultern, wir deuten die Situation gegen uns selbst um, so dass wir fühlen, dass die Kälte der Eltern aus *unserem* Versagen emporsteigt. Wir sind schlecht. Paradoxerweise rettet diese Schuld aus einer für ein Kleinkind unmöglichen Situation, nämlich aus der Situation, nicht geliebt zu werden. Wir überleben, indem wie uns die Schuld anlasten, indem wir glauben, wir haben etwas nicht richtig gemacht. Das ist ein Aspekt von Schuld, der uns dann das ganze Leben plagt. Denn indem wir uns schuldig fühlen, können wir überleben, und indem wir glauben: Wenn wir daran schuld sind, wie wir behandelt werden, dann werden wir eines Tages den Schlüssel finden, um uns ändern zu können. Und dieses Schuldgefühl verstärkt ja zugleich unser Gefühl, dass die Eltern, so wie sie sind, absolut okay sind. Dass die Eltern es in sich haben, was wir bei ihnen suchen, nur dass wir den Schlüssel noch nicht gefunden haben, um den gesuchten Schatz in den Eltern zu bergen. Aber wenn wir den Schlüssel haben, dann können wir den Schatz bergen, und die Eltern werden endlich ihre Liebe zu uns ausdrücken.

Der Schlüssel heißt: Wenn ich nur endlich „richtig" bin, wenn ich nicht immer alles „falsch" mache, dann werden sie mich lieben, und ich bekomme, was ich so sehr vermisse?

Ja, genau. Wir fühlen zwar die Kälte, die wir wirklich erlebten, aber wir glauben, dass diese Menschen die Liebe und die Wärme, die wir so sehr benötigen, in sich haben, nur haben wir es noch nicht „richtig" gemacht. Und so kommt es, dass wir im späteren Leben weiter nach kalten Menschen jagen in dem Glauben, dass sie die Liebe haben.

Und jetzt Punkt zwei: Da wir in diesem Vorgang schon ganz früh die Schuld auf uns genommen haben, bedeutet dies auch, dass wir im Grunde „schlecht, böse, wertlos" sind. Wir übernehmen dadurch das Werturteil von Eltern, die uns so sehen. Wir sind, wie gesagt, nicht liebenswert. Indem wir aber die Liebe als Erwachsene da suchen, wo sie nicht ist, bei kalten Männern und kalten Frauen, stellen wir uns auch nie der Möglichkeit, wirkliche Liebe anzunehmen. Denn dafür haben wir gar nicht die Fähigkeit, wenn wir uns tief in unserem Sein als wertlos erleben. Der Beweis für diese tragische Entwicklung ist, dass solche Menschen, wenn man ihnen mit Entgegenkommen und Liebe begegnet, dies abwehren. Immer wieder fühlen sie dann, dass der andere nichts wert ist (denn sonst würden sie einen doch nicht lieben und schützen), oder sie meinen, der andere wolle etwas von ihnen, wenn er sagt, er findet einen gut, dann sagt er es nur, um etwas zu erpressen. Also vermeiden wir die Menschen, die uns wirklich lieben könnten und bleiben dauernd auf der Jagd: Männer nach kalten Frauen, Frauen nach kalten Männern.

Und wenn diese kalten Männer oder kalten Frauen die Botschaft unserer Eltern wiederholen, die Botschaft: Du bist nicht liebenswert – dann kann es doch sehr gefährlich werden? Es kann Menschen immer tiefer in den Selbsthass treiben, weil sie andauernd Kälte und Ablehnung erleben. Was passiert dann?

Es bedeutet, dass man nichts aus dem Leben schöpfen kann. Es fixiert das Verhalten, manchmal für immer, da man nichts Neues lernen kann.

Hat es auch mit dem Wunsch nach Erlösung zu tun? Wenn ich glaube, ich kann diesen kalten Mann oder diese kalte Frau für mich erwärmen, wenn mir das gelingt, bin ich auch meinen Eltern gegenüber nicht mehr schuldig?

Vielleicht, aber das Grundsätzliche ist, dass man sich nie berühren lässt. Wir erkennen ja nicht, dass wir dauernd auf der Jagd sind. Erkennen wir plötzlich, dass unsere Partner oder Partnerinnen uns nichts gegeben haben, dann suchen wir andere. Männer suchen dann eine andere Frau, die genauso kalt ist, und betreiben wieder einen schrecklichen Aufwand, um geliebt und gesehen zu werden, und Frauen machen es genauso. Es gibt viele, viele Geschichten von all diesen Frauen und Männern, die sich fast umbringen, um von Menschen, die so unmöglich zu ihnen sind, geliebt zu werden. Und nun kommt es: Das Interessante ist, wenn ein Mann oder eine Frau dann wirklich einen Menschen findet, der ihnen endlich das gibt, was sie so sehnsüchtig gesucht haben, also Liebe und Wärme, dann sagen sie, diese Männer oder Frauen sind uninteressant, sie sind langweilig, und sie verlassen sie. Sie können wahre Liebe nicht ertragen. Das ist ja das Schreckliche, das in diesen Prozess von Selbstverrat und Selbsthass mit eingebaut ist. Sie fühlen sich ja gar nicht wertvoll genug, um geliebt zu werden. Wenn Liebe ihnen dann entgegenkommt, können sie es nicht ertragen, deswegen wird der Mann langweilig, die Frau uninteressant. Im Grunde bleibt man aber unberührbar. Die politischen Konsequenzen sind ebenfalls enorm. Wir laufen Führern nach, die kalt und verachtend sind. Wahre Liebe macht Angst. Hitler war ein äußerst kalter Mensch, der Sohn von Martin Bormann (Martin Bormann war Hitlers Reichsleiter) beschreibt diese Kälte, die er ausstrahlte, aber von ihm fühlte ein Volk von sich wertlos fühlenden Menschen sich geliebt.

Es langweilt die Menschen, nicht mehr auf der Jagd zu sein? Ist es ein Reiz, ein Thrill, kalte Frauen und Männer erobern zu wollen, ein bisschen Größenwahn auch, nach dem Motto: Ich schaffe es schon, den Eisberg zum Schmelzen zu bringen?

Es ist die Jagd nach etwas Fiktivem, wodurch das, was man wirklich sucht, nämlich Liebe, vermieden wird.

In unserer Gesellschaft wird vor allem jungen Menschen immer gesagt: Du wirst schon noch die Richtige/den Richtigen finden. Warte ab, eines Tages passiert es, es ist alles Zufall, alles Schicksal. Oder man sagt: Du lieber Gott, er/sie hat so viel Pech, er/sie findet den/die Richtige nicht. Aber es ist doch nicht der Zufall oder das Schicksal, es ist doch „der Fremde in uns", der uns immer wieder hinter den Falschen herlaufen lässt? Was kann einen Menschen von dieser falschen Spur wegbringen?

Erst, wenn er zu sich selbst kommen kann, wenn er seine eigene, wahre Kraft erkennt, wenn er sich auch als wertvoll erleben kann, dann ändert sich der Blick und die Wahrnehmung für sich selbst. Und dann ändert sich auch der Blick für andere Menschen. Dann werden vielleicht die kalten Frauen und Männer plötzlich uninteressant und langweilig, was sie ja auch in Wirklichkeit sind. Ohne Liebe und Wärme ist es langweilig im Leben. Aber das dauert eine lange Zeit. Zum Beispiel ist eine Patientin bei mir in Therapie, die mir sagte, sie kann ja gar nicht akzeptieren, was in der Therapie passiert, das Menschliche. Sie sagte, wenn sie mich als jemanden akzeptiert, der ihr etwas gibt, erlebt sie bei sich, dass sie es ja nicht wert ist, dass sie so etwas Gutes bekommt. Also kann sie es nicht annehmen. Oder es gibt viele Menschen, die mir offen sagen: Wenn ihnen jemand menschlich, warmherzig und freundlich entgegenkommt, dann denken sie sofort: Das ist ein Idiot. Oder sie denken: Was will der von mir wirklich? Sie fühlen sich ja nur komfortabel mit Menschen, die gemein sind, die negativ und kalt sind. Obwohl sie so dringend Liebe möchten, wenn die Liebe ihnen entgegenkommt, können sie sie nicht akzeptieren, dann müssen sie sie negieren, ablehnen, lächerlich und schlecht machen.

Und dann geht eine Beziehung zu Ende, dann gibt es Streit, Missverständnisse, Missachtung, Schiffbruch. Am Ende steht Einsamkeit, und die Suche, die Jagd und das Leiden gehen von vorne los?

Ja. Der Kreislauf ist immer derselbe und fördert den Zynismus, der heute so in Mode ist. Aber der andere Weg, der Weg aus diesem Kreislauf heraus, der Weg, um zum eigenen Selbstwert zu kommen, der erfordert Mut, etwas anderes, etwas Neues zu riskieren. Mut, weil man ja nicht weiß, was daraus wird. Wir haben ja mit dem Neuen keine Erfahrung. Status, Image, Rollenspiel, Ehrgeiz, all das kennen wir ja. Aber auf dem anderen Weg, der vielleicht unpopulär ist, kann man wirklich wieder einmal etwas Menschliches mit einem anderen aufbauen. Es ist möglich, aber es ist Arbeit.

Im privaten wie im politischen Leben. Sie stellen immer wieder die wichtige Frage: Warum stellen sich Menschen gegen das, was sie miteinander verbindet, gegen das, was sie gemeinsam haben, ihr Menschsein?

Ja, richtig. Das ist es. Wir hassen das Menschliche in uns und bestrafen es im Fremden außerhalb von uns. Ich erzähle Ihnen eine Geschichte, sie stammt von Milovan Djilas, einst Titos Gefährte im Partisanenkrieg gegen die Nazis und später einer seiner schärfsten Kritiker. Er beschreibt in seinem autobiographischen Bericht „Land ohne Gerechtigkeit" (1958) die Grausamkeiten einer Männerwelt, in der Menschlichkeit als Schwäche verpönt ist: „Einmal, nach dem Krieg, traf Sekula, ein Montenegriner und Jugoslawe, einen türkischen Moslem. Beide waren auf dem Weg von Bijelo Polje nach Mojkovac. Sie hatten sich zuvor noch nie gesehen. Die Landstraße führte durch dicht bewaldetes Gebiet und war berüchtigt für Überfälle aus dem Hinterhalt. Der Moslem war froh, in Begleitung eines Montenegriners zu sein. Auch Sekula fühlte sich sicherer mit einem Türken, da zu befürchten war, dass sich türkische Partisanen in der Nähe befanden. Die beiden unterhielten sich freundlich und boten sich Zigaretten an. Der Moslem war ein friedliebender Familienvater. Unterwegs durch die Wildnis kamen sich die Männer näher." Djilas schreibt, dass Sekula keinerlei Ressentiments dem Moslem gegenüber empfunden habe. Er sei für ihn wie jeder andere gewesen, mit dem einzigen Unterschied, dass er Türke war. Doch gerade diese Unfähigkeit, eine Abneigung zu spüren, weckt in Sekula ein Gefühl von Schuld. Und die Geschichte geht so weiter: „Es war ein heißer Sommertag. Da der Weg durch einen Wald an einem kleinen Fluss entlang führte, hatten es die beiden Reisenden angenehm kühl. Als sie sich niedersetzten, um gemeinsam etwas zu essen und sich auszuruhen, nahm Sekula seine Pistole heraus. Es war eine schöne Waffe, und er wollte ein bisschen damit prahlen. Der Moslem betrachtete sie anerkennend und wollte wissen, ob sie geladen sei. Sekula bejahte – und in diesem Moment kam ihm der Gedanke, dass er den Türken jetzt einfach töten könnte, er musste nur seinen Finger bewegen. Zu diesem Zeitpunkt hatte er jedoch nicht den Entschluss gefasst, dies zu tun. Er richtete die Pistole auf den Moslem und zielte genau zwischen dessen Augen. Dann sagte er: ‚Ja, sie ist geladen, und ich könnte dich jetzt töten.' Der Moslem lachte und bat Sekula, die Pistole wegzudrehen, da sich ein Schuss lösen könnte. In diesem Augenblick wurde Sekula bewusst, dass er seinen Reisekumpan töten musste. Wenn er den Türken am Leben ließe, würde er die Scham und die Schuld nicht ertragen können. Und so feuerte er, wie zufällig, zwischen die lächelnden Augen des Mannes."

An dieser Geschichte kann man die gesamte Tragödie sehr gut erkennen. Der Muslim ist ein Andersgläubiger, also ein offizieller Feind. Es hört sich komisch an, dass Sekula ihn scheinbar nicht aus Hass tötete, sondern aus Scham, weil er menschlich mit ihm fühlte. Aber da haben wir es doch. Man kommt sich einander näher. Es ist die Nähe, die wahre Nähe zu einem anderen Menschen, die man nicht ertragen kann. Das heißt: Man kann die Gefühle nicht ertragen, die mit Menschlichkeit, mit Wärme, mit Zuwendung zu tun haben. Man lernt ganz früh – hier handelt es sich natürlich um einen Extremfall – die eigene Menschlichkeit als Schwäche zu sehen und sie deswegen zu hassen und sie als etwas Unreines auf andere Menschen abzuwälzen. Und vor den anderen Leuten in seinem Familienclan hätte Sekula es ja gar nicht verantworten können, dass er mit diesem Muslime menschlich und brüderlich umging.

4. Sehnsucht nach dem eigenen Leben: Die Suche nach dem verlorenen Fremden

Was ist der Hass in unserer Seele?

Der Hass ist das, was die Eltern bewirken, wenn Kinder fühlen, dass die Eltern sie so, wie sie sind, nicht ertragen können. Zum Beispiel: Kinder sind deprimiert. Viele Eltern können das nicht ertragen. Wahre Gefühle. Kinder sind lebendig, sie spielen, sie basteln etwas, sie träumen. Eine Patientin erzählte mir, sie schaute aus dem Fenster und sah einen Baum, der mit Schnee bedeckt war, und es sah so wunderbar aus. Das Nächste, woran sie sich erinnerte: Die Mutter kam herein und gab ihr einen Hieb ins Genick – sie sollte nicht träumen.

Die Aborigines verbringen Tage damit, sich ihre Träume zu erzählen. Das ist so interessant. Bei uns heißt es statt dessen: Träum nicht! Wer träumt, wird bestraft.

Schämen wir uns dafür, dass wir so sind wie wir sind, wenn wir merken, dass unsere Eltern uns so nicht ertragen können?

Ja, manche Menschen schämen sich dann dafür. Sie fühlen sich schuldig. Immer, wenn das Eigene durchbricht in einem Gefühl, in einem Traum, in einem Wunsch, schämen sie sich und müssen es sofort wieder verleugnen. Weg damit. Und dann beginnen sie zu hassen. Zuerst ist dieser Hass auf das Eigene gerichtet, das nicht leben darf, dessen sie sich schämen. Und diesen Hass auf das Eigene geben viele Menschen dann weiter, indem sie andere dafür hassen, den Fremden da draußen. Den, der scheinbar anders aussieht, der scheinbar anders ist. Aber in Wirklichkeit erkennen wir in ihm den uns abhanden gekommenen Teil, den wir bestrafen, indem wir den Fremden bestrafen.

Aber der Hass gegen den Fremden da draußen mildert ja nicht den Selbsthass, denn der Fremde, der bleibt ja in uns, der geht ja nicht weg, den kann ich nicht „in die Wüste schicken". Es bleibt etwas, was mir keine Ruhe gibt, was mich treibt und jagt. Dieser Fremde in mir wird mich ja immer wieder quälen, mich stören, weil er dieses unstillbare Verlangen nach dem eigenen Leben hat.

Ja, denn der Fremde in uns wird ja andauernd stimuliert von der Welt, in der wir leben. Da sind Menschen, die uns erinnern an ein Herz, da sind Menschen, die uns erinnern an unsere Empathie, die wir einmal hatten. Und ausgerechnet diese Menschen können wir nicht ertragen, die müssen wir quälen, erniedrigen und herabsetzen, weil sie gefährlich sind; sie gefährden uns, weil sie etwas in uns wecken.

Uns begegnen also Menschen, die uns an diesen fremden Teil in uns erinnern. Mit ihrer Liebe, mit ihrer Wärme bringen sie uns plötzlich in Gefahr, und wir denken: Du lieber Gott, das hatte ich doch auch einmal, oder ich hätte es möglicherweise, aber ich lasse es nicht zu. Ich lasse es nicht leben. Dann müsste man auch schauen, was haben die Eltern mit mir gemacht? Dann müsste man plötzlich die Wahrheit sehen. Das scheint sehr gefährlich zu sein, also muss ich denjenigen, der mich in diese Gefahr bringt, aus dem Weg räumen.

Ja, und es hat auch etwas mit Schwäche zu tun. Ein Rechtsextremer, der einen Betrunkenen niederschlägt oder jemanden, der schwach ist, der einfach da liegt und schläft, ermordet, wie es in der Nähe von Essen geschehen ist, der muss ihn einfach ermorden, weil er Schwäche repräsentiert. Es ist die Schwäche, die dieser Rechtsextreme in sich selber spürt und die er von sich weisen muss.

Eines der Dinge, die jedes Kind erlebt, ist ja seine eigene Schwäche. Und die Eltern können es nicht ertragen, dass es schwach ist. Denken Sie an die Geschichte von diesem Vater, dessen Sohn von einem Holzhaufen herunter zu springen versucht. Was tut der Vater, als sich das Kind den Fuß verstaucht hat? Er gibt ihm eine Ohrfeige. Ein anderes, scheinbar harmloses Beispiel: Kürzlich sah ich, wie ein Kind sich beim Schlittschuhlaufen die Knie aufschürfte und weinte. Das Kind war ungefähr sieben Jahre alt. Die Eltern wurden wütend. Sie befahlen dem Kind, sofort nach Hause zu gehen. Das ist nichts anderes. Man darf nicht schwach sein. Aber Schwäche ist etwas ganz Menschliches. Es meint ja nicht, dass wir schwach sind, es meint, es ist möglich, sich in einer Situation schwach zu erleben, ohne dass das bedeutet, dass wir als Menschen schwach sind. Das ist aber unmöglich für jene Eltern, die von dem Mythos einer Pose beherrscht sind. Dieser Mythos beinhaltet: Man darf nicht schwach sein, man darf sich nicht bemitleiden, man darf, wenn man sich gut fühlt, nicht zeigen, dass man sich gut fühlt, dann heißt es: Du machst dich zu wichtig. Das heißt, alles, was uns eigen ist, was ganz natürlich ist, was positiv, ja sogar Selbstliebe ist, wird heruntergemacht. So darf es nicht sein. Und wenn es wieder erweckt wird, weil wir stimuliert werden durch eine Geschichte in einem Buch, ein Theaterstück, einen Kinofilm oder weil ein schwacher Mensch, ein lahmer Mensch, ein Behinderter, ein hilfsbedürftiger Mensch leibhaftig vor uns steht, dann müssen wir zuschlagen. Wir töten damit die Schwäche, die uns als schlecht erklärt wurde, in uns selbst und hassen die Schwäche im anderen. Das, was uns angetan wurde, geben wir weiter, und indem wir es weitergeben, können wir weiterleben.

Viele Menschen haben diesen Hass gegen die Schwäche in sich, aber der Hass schläft mehr oder weniger, solange die Welt in ihren Fugen zu sein scheint, solange sie Arbeit haben, solange alles in Ordnung ist. Doch in dem Moment, wo Dinge auseinander fallen, weil gesellschaftliche, finanzielle, wirtschaftliche Verhältnisse und Status-Beziehungen sich ändern, erwacht der Hass. Man fühlt sich bedroht, so dass das Opfer in einem, das ist ja der „Fremde", sich wieder regt. Das ist eine andere Art, über den Fremden in uns zu reden, es ist das Opfer in uns. Das Fremde ist zum Opfer geworden, als die Eltern es nicht akzeptieren konnten, dass wir so sind, wie wir sind. In Zeiten der Veränderung, bei wirtschaftlichem Umschwung, wenn die Situation gesellschaftlich brenzlig wird, erwacht dann das alte Opfer, der alte Hass, den wir gegen uns hegen, und dieser Hass gegen den Fremden wird veräußert in einen allgemeinen Hass gegen alles Fremde außerhalb von uns. Das ist der Grund, warum in Zeiten der Unsicherheit der latente Hass gewalttätiger wird. Ich habe es zum Beispiel in Amerika beobachtet. Dort vollzogen sich in den vergangenen dreißig Jahren massive Änderungen im privaten und im öffentlichen Leben. Ich denke an die Frauenbewegung und die rechtliche Gleichstellung der Frauen, die Tabus über sexuelles Verhalten wurden gebrochen. Die Schwarzen wurden zu einem gewissen Maß in ihrer Ebenbürtigkeit akzeptiert, auch die Homosexuellen. Das alles passierte. Aber der Hass in Amerika ist schlimmer denn je. Es wurde fast öffentlich geduldet, dass man Ärzte einfach ermordete, weil sie Schwangerschaftsabbrüche durchgeführt haben. Sie wissen vielleicht, wie viele Morde es in Amerika deswegen gab. All das passierte in einer Zeit des Umbruchs, in der sich im allgemeinen Bewusstsein ein Wertewandel vollzog. Aber Menschen, die das gar nicht tolerieren können, weil sie an Regeln und Formen festhalten müssen, werden davon bedroht. Die fühlen sich als Opfer, und dann bricht der Hass aus.

Der Hass in uns, um es noch einmal zu präzisieren, was ist das? Das ist der Hass auf den Fremden in uns?

Ja, das würde ich sagen. Der Hass darauf, dass wir selbst Opfer waren, dass wir gar nicht das Opfer in uns als Opfer erkennen dürfen. Wir bestehen darauf, andere zum Opfer zu machen. Da brauchen wir nie zu wissen, dass wir selbst Opfer waren. Um zu wissen, zu erkennen, dass wir Opfer waren, müssten wir ja unsere Eltern so sehen, wie sie wirklich sind, das, was war, das, was mit uns geschehen ist. Das können wir nicht. Es ist ein Teufelskreis.

Sie sagen, man kann den Hass betäuben, solange alles in Ordnung ist. Das heißt: Der Mensch braucht eine Ordnung, Regeln, Formen, Vorschriften, etwas, was ihm Sicherheit gibt. Bricht das Gerüst der Sicherheit auseinander, wird es gefährlich?

Ich denke, wir müssen über autoritäre Strukturen reden. Wenn man geprägt wird durch die Eltern, fängt ja auch der Gehorsam an und das Festhalten an autoritären Strukturen. Wenn diese in Frage gestellt werden, dann erzeugt das in diesen Menschen schreckliche Angst, denn solange sie festhalten an dem Image von sich selbst als treue Menschen, die an etwas glauben, an die Eltern, an den Staat, an die Kirche, an Regeln, Vorschriften, an eine Ideologie, die gerade gelehrt wird, ist alles für sie in Ordnung. Aber in dem Moment, wo das in Frage gestellt wird, bekommen sie Angst, und wenn sie Angst bekommen, werden sie wütend, das steigert ihren Hass. Deswegen sagte ich, Terror und Hass sind eng verbunden. Wenn der Terror – zum Beispiel in Form von Angst – aufsteigt, dann steigt auch der Hass auf. Man beseitigt den Terror, indem man das hasst, wovon man glaubt, dass es einen in Schwierigkeiten mit den Eltern oder den Autoritäten bringt. Angst und Hass sind zwei Seiten einer Medaille: Wenn die Angst aufsteigt oder der Terror, dann steigt auch für solche Menschen der Hass auf.

Sie berichten davon, dass es Menschen gibt, die in solchen Situationen, wenn in ihnen der Hass aufsteigt, aktiv werden, die auf die Straße gehen und sich ein Opfer suchen. Weil sie den Hass abladen müssen, müssen sie andere Menschen zu ihrem Opfer machen, um den Schmerz, den sie bei sich selbst nicht fühlen dürfen, in anderen Menschen auszulösen und zu bekämpfen. Was passiert da genau?

Nun, das Opfer-Sein hat ja auch mit Schmerz zu tun. Ein Kind fühlt Schmerzen, es darf aber seinen seelischen Schmerz nicht wahrnehmen, weil es ja sonst das Image der liebenden Eltern, die Pose der Eltern, infrage stellen würde. Denn dann würden sich die Eltern ja schuldig fühlen. Sie würden wütend auf das Kind, sie würden kalt, ablehnend, vielleicht würden sie auch körperlich zuschlagen, sie würden auf jeden Fall ihr Kind, das Schmerzen leidet, nicht in den Arm nehmen, also muss das Kind seinen Schmerz bei sich selbst verleugnen.

Kinder lernen also sehr früh, dass es besser ist, nichts zu merken, zu fühlen, so zu tun, als wäre alles in Ordnung, damit die Eltern ihm gnädig bleiben?

Ja. Ein sichtbar unglückliches Kind bringt das Image der Eltern in Gefahr. Man könnte ja denken, sie sind gar keine guten Eltern. Man könnte Verdacht schöpfen, dass sie ihrem Kind etwas antun. Sehen Sie, die Wahrheit, das wahre Verhalten eines Kindes verlangt ja auch von den Eltern, dass sie persönlich Verantwortung tragen müssen für das, was wirklich vor sich geht. Das können und wollen viele Väter und Mütter nicht. Der eigene Schmerz, den ein Kind nicht fühlen darf, der nicht angenommen werden darf, ist ein Teil des Fremden in uns. Wiederum ein Teil des Eigenen von uns, das nicht leben darf, das weggesperrt werden musste. Und wenn man einem anderen Menschen Schmerzen zufügt, dann kann man über diesen Umweg den Schmerz erleben, den man bei sich selbst nicht erleben durfte. Meistens passiert das z. B. bei Folterern. Wenn das Opfer schreit, dann werden die Täter noch wütender und schlagen noch mehr zu.

Der jugoslawische Schriftsteller A. Tisma hat das Buch „Die Schule der Gottlosigkeit" geschrieben, dort ist ein Beispiel, das ich zitieren möchte: „Dulics, ein Mitglied der Geheimpolizei im heutigen Balkan, hasste Schwäche, weil er sie auch in sich selber spürte, aber als etwas, was er überwunden hatte. Er hatte sie dem eigenen Ansehen und dem Ansehen seiner Familie zuliebe überwunden. [...] Der Junge [den er verhören wollte] war schön, noch immer, obwohl die Schwellungen [vom Verhör am Vortag] sein Gesicht entstellten [...]. Aber selbst so bewahrte er seinen seidigen Glanz, seinen fast blonden Braunton wie auch den Bart, dessen gebogene Stoppeln einen goldenen Kranz um das Gesicht bildeten; die Lippen, wenn auch geschwollen und die untere geplatzt, beschrieben einen eigenwilligen Bogen, und das eine offene Auge war vom matten Taubenblau eines seltsamen Steins. Diese Schönheit hatte etwas Mädchenhaftes, und Dulics erinnerte sich, dass er, als er, Ostoyin, zum ersten Verhör gekommen war, noch sauber, ordentlich, mit lockig in die Stirn fallendem Haar, mit den vollen, geschwungenen Lippen [...], den Eindruck einer verführerischen Sanftheit gewonnen hatte, wie bei einer Begegnung mit einer Frau [...], und das verursachte ihm Ekel vor dem Jungen und veranlasste ihn zugleich, sich dem Hass, der ihn überwältigte, voll hinzugeben."

Hier in dieser Geschichte haben Sie das alles. Dieser Ekel ist die Scham, die dadurch entsteht, dass man sich seiner menschlichen Gefühle wegen schämt, die als Schwäche abgetan wurden. Das Gleiche drückt sich auch in Dulics homosexuellen Ängsten aus, die von einer Verachtung des Weiblichen herrühren, die eigentlich Furcht vor dem Weiblichen ist. Dulics ist der Prototyp eines Folterers, eines Menschen, der andere foltern muss, um sein eigenes Selbst aufrecht zu erhalten. Dies gelingt ihm, indem er seine eigene Schwäche auf jene abwälzt, die ihm ausgeliefert sind. Unsere Gesellschaften institutionalisieren solches Verhalten, indem sie Folter als Instrument der Staatsmacht legitimieren. Und selbstverständlich werden durch Folter jene Geständnisse erpresst, die zur Aufrechterhaltung dieses Gefüges notwendig sind. Folter wird dadurch zu einer Selbsterhaltungsmaßnahme eines Gesellschaftssystems, das sich in Wahrheit immer nur selbst belügt und seine Lügen mittels entsprechender Maßnahmen perpetuiert.

Eine Patientin berichtete, dass sie es sich nicht erlaubt, sich ihren Gefühlen hinzugeben. Sie verbietet sich selbst zu trauern, denn sonst, so sagt sie, sei sie anderen keine Hilfe. Sie erinnerte sich, dass sie als kleines Mädchen einmal blutüberströmt nach Hause kam. Ihre Mutter habe kühl und sachlich reagiert, die Wunde gesäubert und sie verbunden. Der Vater dagegen habe getobt. Daraufhin habe ihre Mutter ihr eingeschärft, dass sie nicht weinen, keine Gefühle zeigen dürfe, weil sie sonst nicht tun könne, was getan werden muss. Seither schiebt sie ihren Schmerz, ihre Verletzungen, diese Trauer immer mit aller Kraft beiseite, denn sie will effektiv bleiben. Nur so kann man stark sein und stark bleiben, sagt sie. Ihr war stets verschleiert geblieben, dass ihr Vater Angst vor Gefühlen hatte. Sie nahm sein Toben als echt, als wahre Stärke. Was aber dahinter stand, war Angst. Er konnte Blut nicht aushalten. Deswegen war er über ihren Unfall so wütend geworden. Er hatte ihr keine Hilfe leisten können, weil er sich dagegen wehren musste, dass die für ihn unerträglichen Gefühle von Leid und Schmerz in ihm aufstiegen. Die Mutter unterstützte ihn und stellte seine Verneinung des Schmerzes als Stärke hin. Seine Unfähigkeit, sich Leid und Schmerz zu stellen, deutete sie um in gerechtfertigte Wut über die Verletzung der Tochter, und auf diese Weise wurde der Patientin ihr eigener Schmerz fremd. Sie wählte für sich diesen Ausweg, sie entschied sich dafür, den Schmerz nicht in anderen zu suchen und zu bekämpfen. Der Vater hat es anders getan. Er hat seinen Schmerz in seiner Tochter bekämpft und sie gequält und gefoltert.

Warum entscheidet sich die eine Gruppe von Menschen dazu, ihren Hass gegen andere Menschen zu richten, diese zu quälen und zu zerstören, und warum entscheidet sich die andere Gruppe dazu, den Hass nicht gegen andere zu richten, sondern eher gegen sich selbst?

Bleiben wir bei dem Beispiel dieser Patientin. Sie ist keine Frau, kein Mensch, der nach außen gewalttätig ist. In der Geschichte dieser Patientin, in ihrem ganz frühen Leben, war der Vater nicht da, da hatte sie eine andere Möglichkeit mit ihrer Mutter, ihren Schmerz nicht so sehr zu verwerfen, er wurde ihr nicht wirklich fremd. Der Vater kam später, er war im Krieg. Und dieses Gefühl, dass da Schwäche ist, die nicht sein darf, erlebte sie erst später. Deshalb konnte diese Frau eine andere Art entwickeln, mit Schmerz umzugehen. Sie entschied sich dazu, etwas für andere Menschen zu tun, wenn diese Schmerzen äußerten. Sie wollte die Schmerzen in anderen Menschen lindern und nicht hassen. Sie tat etwas für andere, weil sie für sich selbst nichts tun konnte. Das ist der andere Weg. Und was ich dabei betonen möchte, ist, dass man immer die Entwicklung eines Menschen im Kopf behalten muss. Und diese Entwicklung ist für jeden Menschen immer anders. Sehen Sie zum Beispiel diesen Folterer, das ist ein Mensch, der sich von Anfang als schwach erleben musste, wenn er Gefühle hatte, und deshalb reagierte er so unmenschlich und brutal auf die Schwäche in anderen Menschen. Das meine ich mit „entwicklungsgemäß", vielleicht erlebte der Folterer schon in den ersten Wochen, in den ersten Monaten seines Lebens die Verwerfung seiner eigenen Menschlichkeit als Schwäche. Bei der Patientin, die ich eben beschrieben habe, beginnt diese Erfahrung erst mit zwei, drei Jahren. Sie hatte also die Chance, vorher etwas von ihrer eigenen Stärke entwickeln zu können.

Sind denn wirklich einzig und allein die Eltern, Vater und Mutter, so wichtig, so mächtig und so entscheidend für das Schicksal ihrer Kinder? Können nicht auch andere Menschen um diese Eltern herum, Großeltern vielleicht oder andere Verwandte und Freunde, positive Erfahrungen vermitteln und damit sogar Hoffnung und Zuversicht in einem Kind wecken?

Oh ja, zu allen Zeiten des Lebens sind Menschen, die Menschlichkeit und Mitgefühl zeigen, sehr wichtig. Aber ich denke, was zur inneren Stärke eines Menschen führt, sind die ersten Wochen und Monate in der Beziehung zu den Eltern, zu der Mutter.

Die Mutter der Patientin, von der wir immer noch sprechen, war auch eine liebevolle Mutter. Wenn der Vater nicht da war, dann war sie eine bessere Mutter. Aber in dem Moment, wo der Vater da war, musste sie sich dem Kind gegenüber anders verhalten, das war eine Art Selbstverrat, denn sie begab sich auf die Seite des männlichen Mythos' der Stärke. Aber natürlich nur, weil das der Unterdrückung der Frau entsprach, denn sie hatte gelernt, sich zu fügen, und zwar in dem Moment, als ihr Mann aus der Armee zurückkehrte. Wenn er nicht da war, war sie auf der Seite des Kindes. Das heißt, dass das Kind sich auch an gute, hoffnungsvolle Zeiten erinnern konnte und davor bewahrt blieb, gewalttätig gegen andere zu werden. Ich denke, dass diejenigen, die den Terror mit ihren Eltern am frühesten erleben, die gewalttätigsten werden. Man muss es immer entwicklungsgemäß sehen, spezifisch, man muss fragen: „Was ging denn da von Anfang an vor?" Und dort, wo Kinder ganz früh schon nicht für sich selbst gesehen wurden, wo sie reinpassen mussten in ein Gehege, das nichts damit zu tun hatte, wie sie waren, da, wo ihr Eigenes überhaupt nicht erkannt wurde, da finden Sie immer die Quellen der schlimmsten Gewalttätigkeiten.

Der Fremde in uns, der dann auch der Gewalttäter ist, das ist ja der Teil, der eigentlich immer in uns bleibt, den wir aber, wie Sie selbst schreiben, auch fortan suchen. Wir suchen ihn, ohne uns dessen bewusst zu sein, und Sie schreiben: „Es ist dieses Suchen, was zum Verhängnis wird." Wie äußert sich dieses Suchen?

Das sind zum Beispiel die Kinder, die man in der Schule sieht, die andauernd einem anderen Kind etwas antun müssen. Es ist, als ob die gar nicht leben können, ohne jemandem etwas anzutun, ohne jemandem Schmerzen zuzufügen. Ihren eigenen Schmerz kennen sie nicht. Das sind dieselben Jungs, die, wenn man ihnen eine Ohrfeige gibt, das noch nicht einmal spüren. Das braucht eine lange Zeit, bis solche Menschen Schmerz wirklich empfinden. Ich war in einem englischen Psychiatrie-Spital, dort waren Mörder eingewiesen. Und einer der Ärzte, mit denen ich arbeitete, war der Psychiater Murray Cox. Er leitete das Therapieprogramm in dem Krankenhaus. In diesem Spital gab es einen Mann, der einfach mordete. Er hatte keine Schamgedanken. Er hat den Leuten den Hals durchgeschnitten wie Salami. Dann erzählte er mir scheinbar ohne Gefühle: Als er drei Jahre alt war, hat seine Mutter kochendes Wasser über ihn gegossen. – Nichts! Kein Gefühl! Aber was tat er in seinem Leben? Er sagte einmal: „Ich tötete, weil ich ein Leben brauchte!" Er selber war tot. Weil er sich nicht lebendig fühlte, weil da nichts in ihm war, nahm er sich das Leben der anderen. Natürlich, diese Dinge sind nicht logisch durchdacht. Er ist psychotisch. Aber das ist ein Beispiel für diese verhängnisvolle Suche, von der ich geschrieben habe. Das Morden war ein vergeblicher Weg, sich am Leben zu erhalten. In dem Moment, wo er ein Leben nahm, in dem Moment war es, als ob er sich auffüllte. Aber dann war es ja vorbei. Und dann brauchte er bald wieder ein neues Leben.

Wie viele Menschen betrifft das? Wie viele Kinder kommen zur Welt und lernen sehr früh, dass sie den eigenen, den lebendigsten Teil ihrer Person opfern und zum Fremden erklären müssen, den sie suchen und zugleich hassen? Reden wir hier über eine Minderheit, oder betrifft es die Mehrheit der Menschheit?

Nun, es gibt dazu eine aufschlussreiche Untersuchung von einem englischen Psychiater, Henry Dieks. Er war ein Brigadegeneral im Weltkrieg und führte seine Arbeit mit tausend deutschen Kriegsgefangenen durch. Das waren Kriegsgefangene in den Jahren 1940, 1941, 1942, als die Deutschen noch dachten, sie würden gewinnen. Was fand Dieks heraus? Da waren ungefähr zehn bis fünfzehn Prozent der Gefangenen, die waren „Hardcore"-Nazis. Dann gab es eine Gruppe von vielleicht vierzig Prozent, die standen in der Mitte, weder auf der einen noch auf der anderen Seite. Und auf der anderen Seite der Skala waren zehn, zwölf Prozent, die waren in der Armee aktive Gegner des Nazismus. Dann gibt es dazu eine Stellungnahme von Winnicott, diesem fabelhaften englischen Psychoanalytiker, der lange Jahre als Pädiater tätig war. Aus dieser Tätigkeit heraus kam er zu der Schlussfolgerung, dass ungefähr dreißig Prozent der Bevölkerung eine Kindheit haben, die das Eigene wirklich gefährdet, einmauert, zum Fremden macht. Die anderen dreißig Prozent auf der anderen Seite der Skala, schrieb er, haben eine Kindheitsentwicklung, in der das Eigene von den Eltern gesehen und gefördert wird.

Und dann sind da vierzig Prozent in der Mitte. Die haben eine gemischte Entwicklung, in der sie beides, Förderung und Zurückweisung, erlebt haben. Winnicott schrieb im Jahre 1952, dass diese frühe Kindheitsentwicklung bestimmt, ob Demokratie möglich wird oder nicht. Denn diejenigen, die gehemmt werden in der Entwicklung ihres Selbst, wirken destruktiv der Demokratie gegenüber. Die anderen, die gefördert werden, die ihr eigenes Sein bejahen dürfen, die sich selbst nicht hassen müssen, die kreativ sein dürfen, die sind konstruktiv. Ich denke, unser großes Problem und unsere große Aufgabe besteht darin, dass wir versuchen müssen, die Menschen in der Mitte zu erreichen, die Menschen also, die in ihrer Kindheit Bejahung und Verneinung erfahren haben und deswegen voller Konflikte gegenüber ihrer eigenen Freiheit sind. Diesen Menschen gegenüber müssen wir aufmerksam sein und ihre positiven inneren Anteile bestätigen und bestärken. Darin, denke ich, besteht die wahre Arbeit, um Demokratie aufrecht zu erhalten.

Aber es bleibt ein besorgniserregendes Drittel. Nämlich die Menschen, deren Selbst am wenigsten gefördert wird. Würden Sie sagen, dass diese Menschen am ehesten zu autoritären Systemen neigen, zu Rechtsradikalität?

Ja, das würde ich sagen. Aber was wir auch herausgefunden haben, ist, dass Menschen mit dieser Prägung auch sehr gut unter dem Kommunismus gedeihen konnten. Denn viele der Führer im Kommunismus waren ja nicht Kommunisten im Sinne einer sozialen Einstellung den Menschen gegenüber, sondern sie waren angetan von Macht. Der Rest ist Verderbnis. Autoritärer Führungsstil. Das war es. Nicht anders strukturiert als rechtsorientierte Gruppierungen.

5. Der konkrete Fremde: Rechte Gewalt in Ostdeutschland

Wie beurteilen Sie das Problem der rechtsradikalen Gewalt in Deutschland, den zunehmenden Fremdenhass und die große Zahl rechtsradikaler Jugendlicher in Ostdeutschland?

Ich glaube, diese Probleme gibt es überall, auch in Polen oder Russland. Denn das, was das so genannte kommunistische Regime produzierte, das war ja nicht ein neuer Mensch. Im Gegenteil. Es festigte und verstärkte all das, was autoritäre Strukturen benötigen: Gehorsam und Autoritätsgläubigkeit. Diese Leute sind gegen das Lebendige, sind fremdenfeindlich, weil sie sich selbst hassen, und sie müssen deswegen andere hassen, um aufrecht gehen zu können. Diese Leute haben kein eigenes Selbst. Sie haben nichts in sich, das sie als wirklich wertvoll empfinden, außer Hass.

Man sagt, dass es in der damaligen DDR keine Rechtsextremisten gab.

Stimmt aber gar nicht. Wir wissen, und es gibt Beschreibungen darüber, dass die Stasi sie sogar brauchte, sie förderte. Diese Gruppierungen waren da. Bert Wagner hatte sich in der DDR schon als Kriminalbeamter mit der rechten Jugendszene befasst, die es offiziell gar nicht geben durfte. Heute ist er Leiter des Zentrums Demokratische Kultur in Berlin und stellt sein Wissen von damals zur Verfügung.

In der „Süddeutschen Zeitung“ wurden Protokolle aus Jena wiedergegeben, aus denen ganz klar hervorgeht, wie Fünfzehn- bis Sechzehnjährige einen großen Kult um Hitler machen und von unwertem Leben reden und dass Ausländer dort gefährlich leben.

Sie sagen: Rechtsradikale, autoritär geprägte Charaktere gibt es überall, aber wie kommt es zu diesem Dammbruch? In Ostdeutschland kann man beobachten, dass Jugendliche in vielen Kleinstädten und Dörfern rechtsradikale Parolen verbreiten, dass in den Gaststuben öffentlich Nazi-Lieder gesungen werden und niemand Anstoß daran nimmt?

Sie hassen. Sie hassen sich. Sie hassen ihre Mütter. Ich kann mich erinnern, ich war in der Akademie der Künste, die Mauer war schon gefallen, ich hielt einen Vortrag, ich glaube, es war 1990 oder 1991. Es ging um Hoyerswerda, die Stadt, in der die ersten Ausschreitungen gegen Fremde passierten. Da war ein Bürgermeister von dieser Stadt dabei und sprach mit mir über die Ausschreitungen. Er sagte, ein Pfarrer der Stadt habe zu ihm gesagt, dass diese rechtsradikalen Kinder von Müttern erzogen wurden, die keine Liebe für sie hatten. Diese Mütter waren total eingebettet in das Leistungssystem, das die DDR aufgebaut hatte. Die Kinder wurden vom Staat in Krippen usw. erzogen. Die Frauen arbeiteten, sie waren oft auch alleinstehend. Ich habe noch die Briefe dieses Politikers aus Hoyerswerda, er erkannte, dass es die Lieblosigkeit war, die diesen Hass, diese Fremdenfeindlichkeit in diesen jungen Menschen erzeugte. Natürlich geht das zusammen mit den Strukturen, die in der DDR ein Bild des Mannes förderten, wonach ein Mann stark sein muss, ohne Angst, bereit, sich für die sozialistische Gemeinschaft zu opfern. Hier finden wir die Quellen der Angst, der Unsicherheit, des

Schmerzes in der ungenügenden Liebe, die aber Menschen, die zum Heldentum (genau wie in Nazideutschland) erzogen wurden, nicht zulassen dürfen. Sie sind gefangen in einem Männermythos von Stärke, der sich durch Gewalt beweist. Die Angst, die auf diese Weise noch zusätzlich gefördert wird, ist die Angst, nicht männlich genug zu wirken. Deswegen müssen Mitgefühl und Zärtlichkeit verpönt werden. Natürlich haben wir das im Westen auch, nur sind die Gruppen, die dagegen kämpfen, stärker und selbstbewusster. Die Politiker und andere Funktionäre, die in der früheren DDR die Macht übernahmen, sahen diese Entwicklung, aber sie schauten weg und machten jahrelang nichts.

Und wenn es darum geht zu verstehen, warum in der DDR die Konservativen und nicht diejenigen, die die Mauer durchbrachen, den Helm der Macht übernahmen, zitiere ich das Folgende aus einem Zeitungsbericht aus dem Jahre 1990: „Auf der beinahe schon traditionellen Montagsdemonstration in Leipzig hatte am 15. Januar 1990 ein Student, auf die wartende Menge zeigend, die ‚Deutschland einig Vaterland' und antidemokratische Parolen sang, Folgendes zu sagen: ‚Von diesen Leuten hier war keiner weit und breit zu sehen, als wir im Oktober (1989) für unsere Revolution auf die Strasse gingen.' Und er fuhr fort: ‚In meinem Ort werde ich schon als Kommunist verschrien, weil ich eine Verlautbarung von Bruce Springsteen gegen südafrikanische Apartheidspolitik übersetzt und öffentlich angeklebt habe.'"

Die Kräfte, zu denen der Student gehörte, wollten an die Stelle der Unterdrückung Freiheit, Verantwortlichkeit und Selbstbestimmung setzen. Die neueren Gruppierungen schienen jedoch die Einsetzung einer neuen Autorität in neuer Form zu ersehnen, der sie sich erneut unterwerfen konnten. Aber gegen den neuen Konsumgott, der das auseinander fallende Identitätsgehege zu heilen versprach, waren diese Kräfte, die für ein Selbst und eine gesellschaftliche Verantwortung eintraten, hilflos.

Es sollte jetzt aber nicht der Eindruck entstehen, dass die Mütter verantwortlich sind, wenn Söhne rechtsradikal werden, das wäre zu einfach. Immerhin war die gleichberechtigte Teilhabe am öffentlichen Produktionsprozess, die selbstverständliche Berufstätigkeit der Frau – ganz anders als in Westdeutschland – eine emanzipatorische Errungenschaft. Gleichwohl kann ich mich gut daran erinnern, dass Frauen in der ehemaligen DDR oft über die dreifache Belastung von Beruf, Kinder und Haushalt klagten, denn die Ehemänner und Väter waren nicht bereit, die private Arbeit, also Hausarbeit und Erziehung, mit den Frauen zu teilen. Aber das sieht doch in Westdeutschland auch nicht anders aus. Dort tragen die Frauen die Hauptlast im häuslichen wie auch im emotionalen Bereich. Ist denn da eine kollektive Krippenerziehung, wie sie in der DDR stattfand, wirklich für die Kinder von so großem Nachteil?

Es geht nicht um die Krippen, es geht um eine Gesellschaft, die die Berufstätigkeit der Frauen für ihre eigenen politischen Zwecke ausbeutete. Sie belohnte sie für Produktivität, nicht für das Menschlich-Mütterlichsein, und so gaben diese Frauen ihren Kindern wenig von der Liebe, die diese benötigten. Das war im Westen auch so, aber es war weniger gezielt. Deswegen die größere Lieblosigkeit von Müttern in Hoyerswerda, einer Stadt mit Fabriken und Wohnkasernen, aber ohne gesellschaftliche Strukturen, die das Muttersein unterstützten konnten. Die Frauen lebten isoliert von ihren täglichen emotionalen Problemen, denn das einzige, was zählte, war die Produktion in den Fabriken. Ich will damit keinesfalls sagen, dass die Berufstätigkeit von Müttern dazu führt, dass Kinder zu wenig Liebe erhalten. Das wäre wirklich zu simpel gedacht. Man muss ja sehen, dass auch die Mütter in einem Klima lebten, das von Männern organisiert wurde. Das Klima in der ehemaligen DDR war so, dass die Mütter fast alle in Fabriken arbeiteten, das waren so genannte „Arbeiterinnen", nicht Intellektuelle, nicht Sozialarbeiter usw. Hoyerswerda war eine kleine Industriestadt. Und das war die Stadt, wo die ersten hasserfüllten Ausschreitungen gegen Ausländer stattfanden.

Aber auch Westdeutschland ist männlich geprägt, autoritär und leistungsorientiert.

In Ostdeutschland war es noch schlimmer. Da interessierte der Mensch wirklich gar nicht, sondern nur die Produktion. Für die Männer in der politischen Führung waren diese Frauen nur wichtig für die Steigerung der Produktion, sie waren Werkzeuge des Staates, und deswegen förderten sie die Frauen, taten alles, um sie bei der Arbeit zu halten. Das emotionale Klima, die Familie, das menschliche Zusammenleben interessierte niemanden. Keine Zeit, keine Liebe. Kinder waren in diesem Programm nur das „Futter". Man nahm sie nicht wahr als Kinder, die Wärme und Zuwendung benötigten. Solche Leute, die derartige autoritäre Systeme stützen, nehmen ja nie wahr, was wichtig ist für Kinder. Ich rede nicht von den Müttern, ich rede von den Politikern und den repressiven Strukturen. In dem kommunistischen System wurde alles der Ideologie untergeordnet. Die Ideologie diente natürlich als Deckmantel für etwas ganz anderes. Diese Frauen, auch die Männer, wurden belohnt und bekamen Preise für das, was sie schaffen konnten in diesen Fabriken, mit dem Ergebnis, dass die Kinder völlig außer Acht gelassen wurden.

Das sagte auch der Pfarrer über die Kinder von Hoyerswerda. Ich denke, das ist der Grund, weshalb diese Kinder hassen. Was haben sie denn erlebt? Die haben keine Liebe erlebt. Und sie hassen das, was sie benötigen. Die Liebe.

Und jetzt bricht dieser Hass aus, mehr denn je.

Ich meine, dass das nicht so passieren würde, wenn da die Politiker nicht mitspielen würden, die den Hass für ihre eigenen Zwecke anfeuern. Das ist immer so. Das passiert auch im gesamten Deutschland. Schauen Sie sich die Politiker an. Es sind nicht die Grünen, nicht die Sozialdemokraten. Es sind diejenigen, die meinen, Probleme lassen sich lösen, indem sie jemandem die Schuld zuschieben.

Sie meinen die Christdemokraten?

Die Christdemokraten und in Bayern CSU-Repräsentanten, die haben diese Sicht vertreten, da sei immer jemand anderes der Schuldige. Sie suchen immer ein Opfer, das man beschuldigen kann, das man hassen kann, den Feind, den man benötigt, um hassen zu können. Und dann wundern sich die Leute, warum das Resultat so ist, wie es ist.

Es kann überall passieren, sagen Sie, aber in Ostdeutschland gibt es zur Zeit mehr Rechtsradikale als anderswo. Warum?

Der Rechtsradikalismus in Ostdeutschland hat eine Entwicklungsgeschichte. Es ist eine Entwicklungsgeschichte von Lieblosigkeit. In Zeiten des Kommunismus wurde der Hass unter der Decke gehalten. Da herrschte Autorität und Disziplin. Es war ein enorm autoritäres System. Ich will jetzt gar nicht sagen, dass in Westdeutschland alles gut ist, nein, aber es war in Ostdeutschland autoritärer, da gab es viel weniger Spielraum für die Menschen, sich individuell zu entfalten. Da war weniger Spielraum für einfache Eltern, nicht mitzumachen und den Kindern etwas anderes zu geben. Man musste mitmachen.

Diese Leute, die heute rechtsradikal werden, benötigen Autorität. So lange das alte Regime da war, gab es autoritäre Strukturen. Das ist es, was diesen Menschen hilft, sich wohl zu fühlen. Und was passiert nun in Ostdeutschland? Die Politiker verniedlichen den Hass, sie sagen, so schlimm ist das nicht, in Ostdeutschland gäbe es auch nicht viel mehr Rechtsextreme als in Westdeutschland und anderswo. Überhaupt, die Konservativen, die wollen immer noch nicht wahrhaben, dass Hass wirklich Hass ist. Und dann tun sie so, als ob man mit dem Hass verständnisvoll umgehen könnte. Nein. Diese rechtsradikalen Leute benötigen Strukturen. Da hilft nur, dass man konsequent sagt: Halt. Das kannst du nicht machen. Man muss ihnen eine klare, positive Autorität entgegensetzen. Das sind Konsequenzen. Und dann werden sie aufhören.

Das ist ja das Komische, Rechtsradikale suchen Autorität. Und das meine ich mit politischem Versagen, wenn man sich weigert, den Hass beim Namen zu nennen und zu handeln, wenn man sich weigert, konsequent Strukturen anzubieten, die den Hass nicht gegen andere ausufern lassen.

Also erst einmal deutlich, absolut eindeutig Grenzen setzen, bevor man mit therapeutischen Maßnahmen beginnt?

Ja, unbedingt. Die wollen Strukturen. Diese Leute benötigen einfach Autorität. Ihre gewalttätigen Handlungen gelten ja dem Ziel, Autorität wieder herzustellen. Nicht, dass sie es sich selbst so sagen, aber darum geht es letztlich.

Es macht mich manchmal verrückt, dass Historiker, die es besser wissen sollten, dies nicht sehen wollen. Da gibt es diese eindrucksvolle Studie von dem Amerikaner J. Bushnell, „Meuterei und Unterdrückung". Sie erschien 1985. Bushnell beschreibt darin die russische Armee im Jahre 1905. Die ganze Armee revoltierte innerhalb von zehn Monaten ungefähr fünfmal. Einmal war es gegen die Autoritäten, einmal gegen die Rebellen, dann waren sie wieder gegen die Autoritäten, dann waren sie wieder auf der Seite der Revoltierenden. Es ging hin und zurück. Mal meuterten sie, mal dienten sie der Niederschlagung von Aufständigen. Und was diese Studie des Historikers so gut zeigt, ist folgendes Phänomen: Die rebellierten gar nicht, weil sie dachten, eine Seite sei besser als die andere oder dass eine ihnen mehr Geld oder mehr Essen geben würde als die andere. Bushnell weist darauf hin, dass das wechselnde Verhalten nichts mit ihrer Behandlung oder ihren politischen Anschauungen zu tun hatte. Ausschlaggebend war einzig, wen sie gerade für die Autorität hielten. Nur diese gab ihrem Selbstgefühl Halt. Glaubten sie, das alte Regime sei am Ende, dann revoltierten sie. Glaubten sie aber, dass es noch Befehlsgewalt habe, dann gingen sie gegen die Zivilisten vor.

Menschen revoltieren also tatsächlich, um Befehlsgewalt wieder herzustellen. Ich denke, das ist es, was diese Rechtsradikalen wollen, sie wollen jemanden, der ihnen in ihrem Sinne Recht und Ordnung herstellt. Vielleicht wollen sie einen gnadenlosen Diktator. Das würde ihren eigenen Hass besänftigen.

Was passiert denn, wenn man lieb mit Rechtsradikalen umgeht? Dann denken sie, das ist Schwäche, und sie haben Recht. Dann machen sie nur weiter. Das Malheur ist, dass niemand es wagt, dem deutlich entgegenzutreten. Es ist interessant, in Sachsen hat man offensichtlich diese Autorität gezeigt. Und im selben Moment gaben sie den Rechtsextremen die Gelegenheit, an therapeutischen Maßnahmen teilzunehmen, und scheinbar ist es gelungen. Das war 1993. Natürlich wird man den Rechtsextremismus nicht beseitigen, wenn man ausschließlich autoritär mit ihm umgeht. Das stimmt. Aber das ist die erste Bedingung, bevor man an diese Jugendlichen herankommen kann. Wenn du nicht sagst: Halt! Stop! Nein! So nicht!, dann passiert nichts.

Wer könnte das sein, der ihnen Autorität und Strukturen bietet?

Der Staat muss es tun. Ich betone noch einmal: Die autoritären Strukturen, von denen ich spreche, meinen kein neues System, nein. Ich meine, die Politiker müssen menschliche und moralische Stärke zeigen, auf diesem Gebiet müssen sie absolut überzeugende Autorität entwickeln. Sie müssen ganz klar sagen: „Das kannst du nicht tun. Du kannst nicht auf die Straße gehen und jemandem auf den Kopf hauen. Du kannst es unter gar keinen Umständen tun. Wir werden es nicht zulassen." Es ist einfacher, als man denkt. Und im selben Moment muss man Zentren eröffnen, wo Leute anfangen, in Diskussionsgruppen mit den Betroffenen zu reden. Die Amerikaner haben in den frühen fünfziger und sechziger Jahren sehr viel mit so genannten „Gangs" gearbeitet. Das waren keine politischen kriminellen Gruppen, aber von der Gewaltbereitschaft her war es genau dasselbe. Da waren sehr viele Sozialarbeiter, die diese Gruppenarbeit machten, und zwar erfolgreich. Das gab diesen Jungens etwas. Viele von diesen Jugendlichen waren froh, wenn man ihnen Einhalt gebot. Sie wollten gar nicht brutal sein, denn irgendwo hatten sie noch Schuldgefühle. Aber wenn man sie einfach weitermachen lässt, dann müssen sie noch mehr zuschlagen, die Spirale der Gewalt dreht sich weiter, um die eigenen Schuldgefühle zurückzuweisen. In Amerika haben viele dieser Jugendlichen später gesagt: „Danke, dass du mich von der Gewalt abgehalten hast!"

Und bis dahin sollten auch keine Ausländer mit schwarzer Haut oder Fremde, die anders aussehen, sich überhaupt nach Ostdeutschland begeben.

Das habe ich nicht gesagt. Nein. Das ist nicht die Lösung. Man muss sie dort schützen. Das ist es, was die Amerikaner taten, als der Süden in der Revolte niedergeschlagen wurde. Sie hatten ungefähr zwanzig Jahre nach dem Bürgerkrieg im Süden Truppen stationiert, und die schwarze Bevölkerung konnte sich relativ frei entwickeln. In dem Moment, als diese Autorität abgezogen wurde, fing alles wieder an.

Das heißt aber, jeder Schwarze, der dort arbeitet, lebt oder Asylbewerber ist, bräuchte immer einen Polizisten an seiner Seite, denn er kann noch nicht einmal in die U-Bahn gehen.

So viele braucht man nicht. Wenn die rechtsradikalen Gewalttäter wissen, dass das, was sie tun, bestraft wird, dann sind sie die ersten, die Angst bekommen. Ich nenne Ihnen ein Beispiel: In Österreich wurde vor kurzem ein neues Gesetz gegen Männergewalt verabschiedet. Wenn früher eine Frau sagte: „Mein Mann schlägt mich", kam erst die Polizei, und dann hieß es, na ja, sie könnten ja nichts tun usw. Nichts hat geholfen. Die Männer schlugen weiter, obwohl es ein Gesetz gab, das Gewalt in der Ehe verbot. Aber es gab keine Verordnungen. Das änderte sich, als man beschloss, dass die gewalttätigen Männer sofort aus dem Haus geholt werden sollten, die Polizei tut das jetzt, und zwar sofort. Und wissen Sie, was seitdem passiert ist? Die Gewalttätigkeit gegen Frauen und Kinder ist zurückgegangen. In Ostdeutschland passiert gar nichts in dieser Hinsicht.

Warum eigentlich nicht? Es kamen doch Politiker aus Westdeutschland dorthin, die aktiv werden könnten.

Welche denn? Viele von denen kamen von der konservativen CDU. Die gingen einfach nach Ostdeutschland als Politiker, die gegen die Kommunisten waren. Ich denke, das hat etwas damit zu tun, dass sie nicht konsequent gegen die Rechten waren, sie waren nicht interessiert an Demokratie per se, sondern daran, ihre eigenen Geschäfte und ihre eigene Macht zu sichern. Wären die Politiker aus Ostdeutschland selbst gekommen, wäre manches anders. Aber viele kamen vom Westen, dasselbe passierte ja in den Universitäten.

Es wird oft gesagt, die jugendlichen Neo-Nazis seien Opfer. Betrogen vom kommunistischen System, setzten sie ihre Hoffnung in ein neues Deutschland, und nun kommt das neue Regime und hat wieder kein Interesse an ihnen, sie hängen herum, sind arbeitslos, haben keine Perspektive. Hinzu kommt die Arbeitslosigkeit der Eltern, die desolaten Wohnverhältnisse, das Leben zu Hause ist mindestens genauso lieblos wie zuvor. Die jungen Menschen werden als Betrogene gesehen, erst vom Kommunismus und jetzt vom Kapitalismus. Arbeitslosigkeit und Perspektivlosigkeit seien der geeignete Nährboden für rechtsextremes Gedankengut.

Ja und nein. Gesellschaftlicher Umbruch und Arbeitslosigkeit führen zu solch einem Gedankengut in denjenigen, die dazu bereit sind, weil sie sich selbst hassen. Wenn ich mich von den politischen Systemen betrogen fühle, muss ich doch nicht noch brutaler werden. Im Gegenteil. Ich könnte mich doch auch bemühen, ein besserer Mensch zu werden oder etwas Besseres für Menschen zu entwickeln. Das tun doch die Rechtsradikalen überhaupt nicht. Sie haben doch gar keine Träume, keine Utopie, keine Phantasie für ein menschenwürdigeres Leben. Sie sind stumpf und nicht kreativ.

Das menschenfeindliche kommunistische Regime, die schrecklichen Enthüllungen über die Stasi-Spitzel und jetzt die Arbeitslosigkeit, diese Aussichtslosigkeit – sind die Jugendlichen denn nicht auch Opfer dieser Geschichte?

Alle sind Opfer ...

Das sagen Sie sehr gereizt, da machen Sie nicht mit, bei dieser Theorie?

Nein, denn diese Opfer-Theorie bedeutet für mich: Wenn das Opfer in sich selbst, von dem ich vorhin sprach, wieder erweckt wird, dann erwacht der Hass. Die Leute, die nicht zum Opfer gemacht wurden in ihrer eigenen Kindheit von ihren eigenen Eltern, die sind nicht so. Es gibt ja viele Leute im früheren Ostdeutschland, die nicht so sind wie diese Nazis. Ich kenne einige von ihnen in Berlin, die sind anders. Ich habe viele Menschen erlebt aus der früheren DDR, die nicht so waren.

In der DDR gab es einen verordneten Antifaschismus: Der Krieg war zu Ende, und dann wurde Deutschland geteilt und alle Menschen in der DDR waren keine Faschisten. Und alle Menschen in Westdeutschland waren Faschisten, die die Nazis gewählt hatten. Natürlich hatten auch die Ostdeutschen die Nazis gewählt, aber das war nach 1945 kein Thema mehr in Ostdeutschland. Man musste dort den Nationalsozialismus nicht aufarbeiten. Aber diese Leute hatten auch Hitler gewählt, sie mussten sich – zumindest offiziell – im kommunistischen Ostdeutschland jedoch nicht mit ihrer Vergangenheit auseinander setzen. Und jetzt, nach der Wiedervereinigung und auch angesichts der rechtsradikalen Jugendlichen, brechen die nazistischen „Pestbeulen" auf. Jetzt kommt raus, was nie wirklich bearbeitet wurde. Schauen deshalb so viele ältere Menschen den rechtsradikalen Gewalttätern tatenlos zu?

Das sind vielleicht die Alten, die in den Bierstuben mit denen zusammensitzen und sagen: „Wunderbar!", wenn sie Hitler-Lieder singen. Einstein hat einmal gesagt: „Die Welt wird nicht bedroht von Menschen, die böse sind, sondern von denen, die das Böse zulassen." Ich denke schon, dass es ein gefährliches und sehr beklemmendes Klima für Fremde in diesem Land ist, wenn sie damit rechnen müssen, dass ihnen niemand in Gefahr und höchster Not zu Hilfe eilt. Aber das erklärt trotzdem nicht das Verhalten dieser Jugendlichen. Ich bleibe bei meiner Aussage, das geht tiefer in die Geschichte jedes Einzelnen von ihnen. Da ist nichts von ihrem Selbst geblieben, so dass sie sich selbst hassen lernten, dass sie sich mit Aggressoren identifizierten und ihren eigenen Schmerz verachten. Sie wurden zu Opfern gemacht, aber sie hassen ihren eigenen Schmerz als eine Schwäche und müssen Opfer finden, um sich stärker zu fühlen.

Wie ist das mit Ost und West? Können die Menschen in den beiden einst getrennten Staaten wirklich Brüder und Schwestern werden? Es gibt ja nicht nur gra-

vierende Unterschiede in der äußeren Vergangenheit, auch die innerpsychischen Geschichten scheinen sich doch sehr voneinander zu unterscheiden?

Es gibt dort genügend Menschen, die auch einen menschlichen Anfang hatten. Es ist doch nicht so, dass die Hälfte der früheren DDR-Bevölkerung Nazis sind. Das glaube ich nicht. Es ist vielleicht nur so, dass es dort dreißig Prozent anstatt fünfzehn, vierzehn oder zwölf Prozent sind.

Aber dieses Land hat diese ungeheure menschliche Leistung, diese friedliche Revolution geschafft. Die Menschen sind auf die Straße gegangen und haben gesagt: Wir sind das Volk. Ich finde, dazu gehört enorm viel Mut, Liebe und Menschlichkeit.

Und das existiert immer noch. Und die Menschen, die das geschafft haben, auch. Es sind so friedliche, kreative Menschen. Aber diese wurden nicht zu den Führern der Revolution. Das Problem war ja, dass an dem Tag, als die Mauer durchbrochen wurde, die Leute, die die Revolution führten, aufhörten, sie zu führen. Da kamen andere, die übernahmen die Macht. Die anderen waren die Politiker, die das richtige Image von sich gaben.

Die, die richtige Pose hatten, womit wir wieder beim Thema wären.

Ja, da spielt Kohl hinein. Er ist ja auch ein Posseur. Sehen Sie, die Westdeutschen sind wirklich nicht besser als die Ostdeutschen, .diese Diskussion darüber ist absolut überflüssig. Im Gegenteil. Wenn ich Kohl sage, meine ich ja nicht nur ihn persönlich, sondern seine ganze Partei, die das durchführte, und da war ja die Pose das Wichtige. Das zeigt uns nur, dass die

Menschen in der DDR genauso wie die Menschen in anderen Ländern darauf geprägt waren, die Pose als Wirklichkeit zu nehmen. Nicht diejenigen unter ihnen, die wirklich etwas taten, erhielten die Macht. Im Gegenteil. Die wurden verleugnet, angegriffen, diskriminiert. Die machten Angst, denn sie sprachen über wahre Probleme.

6. Im Namen des Gehorsams: Identifikation mit den Formen der Gewalt

Sie sagen, dass die Menschen in vielen Ländern der Welt anfällig sind für Pose und Image, aber ist diese Tendenz bei den Deutschen im Vergleich nicht stärker ausgeprägt? Wir sind keine Gesellschaft, die sich entfernt hat vom Hass.

Das ist es, was ich zu sagen versuchte. Wenigstens dreißig Prozent haben eine ganze Menge von Hass in sich. Vielleicht zehn Prozent haben ihn ganz offen, die ganze Zeit, aber sie wagen ihn nicht zu zeigen. Wenn es günstiger wird, wenn z. B. die Republikaner wieder auftreten in Deutschland – steigen die Zahlen auf zehn bis vierzehn Prozent. Das entspricht auch dem „Acht-zu-zwölf-Verhältnis", das Dieks in seiner Studie herausfand. Das sind die Deutschen, die so komplett autoritär geprägt sind und so von der Verachtung des Weiblichen und der Zärtlichkeit beherrscht sind, dass sie keine eigenständige Identität, kein eigenes Selbst entwickeln konnten. Und in Zeiten von wechselnden gesellschaftlichen Änderungen, wenn feste Strukturen nicht mehr alles zusammenhalten, wenn wirtschaftlicher Umschwung droht, wenn es rauf und runter geht, dann erwacht in diesen Menschen die Angst und mit ihr das Opfer, dann wird es brenzlig, dann kommt der Hass.

Und diese Gefahr besteht im Westen wie im Osten Deutschlands gleichermaßen?

Ja, leider, und auch in Italien, in Frankreich usw.

Wir haben viel über dieses Führer-Phänomen gesprochen, darüber, wie es möglich ist, dass Menschen sogar zu Hunderttausenden gerade jenen hinterherlaufen, die die Pose beherrschen. Was macht den Menschen so anfällig für diese blinde Gefolgschaft? Weshalb braucht er einen Führer, der ihn blendet und missbraucht? Hat das etwas mit dem Selbsthass zu tun? Je weniger ein Mensch von seinem Selbst besitzt, desto mehr braucht er die „höhere" Instanz eines Führers, um sich wertvoll zu fühlen. Suchen nicht auch Jugendliche, die sich in gewalttätige Gruppen begeben, eine solche Instanz, um die Leere, die durch das verlorene Selbst entsteht, in sich aufzufüllen?

Ja, ich denke, das stimmt. Weil sie eine Kraft suchen, die sie nicht in sich selbst finden konnten, wie z. B. die eigene Kreativität, die eigene Lebendigkeit. Wenn man das in sich erlebt, dann braucht man keinen Führer oder eine Gruppe, die mir sagt, was ich zu denken, zu tun und zu leben habe. Dann brauche ich keine Gang oder Clique, um mich stärker zu fühlen.

Die Anfälligkeit ist also dieselbe: Ob jetzt einer daherkommt, der Adolf Hitler heißt oder ob einer in meine Straße kommt, irgendein Rechtsradikaler, der Peter, Thomas oder Erich heißt – die Anfälligkeit, die Bereitschaft, einem solchen Führer und Verführer zu folgen, ist dieselbe. Der Grund, warum ich mich einer radikalen Gruppe, einer extremen politischen Vereinigung oder einer totalitären Sekte anschließe, ist immer derselbe. Es ist die unerträgliche Leere um das verlorene Selbst, die mich dahin treibt?

Ja, das ist es genau, die Leere, die aus einem verloren gegangenen Selbst emporsteigt, die wir dadurch zu füllen glauben, indem wir uns einer Person ergeben, die für uns Stärke, Wille, Liebe verkörpert. Nur sind diese Stärke, dieser Wille und diese Liebe immer nur eine Pose, sie sind nicht wirklich in diesen Personen vorhanden, denn ein Mensch mit wahrer Stärke und Liebe erträgt keine Anhängerschaft sich selbst wertlos fühlender Menschen.

Hat es auch mit Hass zu tun, wenn Menschen sich einen Führer suchen und sich diesem anschließen, sei es einem Führer in einer Clique, in einer Sekte, in einer radikalen politischen Gruppierung? Wir haben ja das Phänomen, dass sehr viele Menschen eine Instanz suchen, die ihnen sagt, wo es langgeht, und dass viele Menschen in solchen totalitären Gruppierungen eine Art Heimat finden.

Diese Menschen brauchen jemanden, den sie als Führer sehen, der sich als Führer gibt. Wenn sie sich mit ihm identifizieren, fühlen sie sich stärker. Der Grund, warum sie sich selbst nicht stark genug fühlen, liegt ja darin, dass sie ihr eigenes Wesen ablehnen mussten, und das löste den Selbsthass aus. Selbsthass führt dazu, dass man keine innere Stärke mehr fühlt, deswegen sucht man jemanden, mit dem man sich identifizieren kann, von dem man glaubt, er sei stark, und dadurch fühlt man sich selbst stärker oder kräftiger.

Und begibt sich aber zugleich in eine gefährliche Abhängigkeit. Man überlässt dem Guru oder dem Führer die komplette Deutungsmacht über sich. Und wenn der plötzlich sagt: Du bist ein Nichts, du bist wertlos, dann kann das verhängnisvoll sein?

Das stimmt. Aber diese Leute fühlen sich in diesem Sinne nicht abhängig. Sie würden es nie zugeben, dass sie abhängig sind, aber sie sind abhängig. Das stimmt.

Also sind sie wiederum bereit, Verleugnung und Selbsthass auf sich zu nehmen, um in der Gunst und in der Nähe eines Führers sein zu können, um in einer Sekte, einer Clique, einer Gruppe sein zu können, die ihnen Familienersatz, Vater oder Mutter repräsentiert.

Ja, so ist es. In den dreißiger und vierziger Jahren und auch noch später hat man in Amerika in der Arbeit mit „Gangs" immer wieder herausgefunden, dass diese Leute sich selbst als völlig bedeutungslos erlebten. Wenn sie aber in den „Gangs" waren, dann fühlten sie sich größer. Dann mussten sie sich auch beweisen, große Taten ausführen, wenn der Führer sie dazu anhielt. Sie mordeten sogar für ihren Führer. Sie taten es sogar, auch wenn ihr Herz nicht daran beteiligt war, denn sie fürchteten, sie würden niemand sein, wenn sie das nicht taten. Hinzu kommt: Diese Führer zeigen dauernd auf einen Feind, ein Feindbild, das sie hassen können, wodurch sie sich dann berechtigt fühlen, ihren Hass zu entladen. Alle Führer predigen Hass. Sie haben immer einen Feind. Der Feind ist der andere. Der Weiße, der Schwarze, der Muslim, der Jude. Hitler predigte gegen die Juden. Das Unheil waren die Juden. Bis heute ist es in vielen Ländern so, dass Politiker Feindbilder aufbauen. Politik ist nicht eine Frage der Erziehung oder der Ideologie. Es ist eine Frage dessen, was in der frühesten Kindheit passiert ist. Ob Menschen sich selbst ablehnen oder nicht, ob sie ihren eigenen Schmerz ertragen können oder nicht, ob sie liebend und zärtlich sein können oder ihre Gefühle verleugnen müssen und ihre Bedürfnisse beiseite schieben müssen, das entscheidet darüber, wie ein Mensch politisch denkt und handelt. Wenn Menschen ihr Eigenes als verfremdet beiseite schieben müssen, als etwas, das fremd ist, obwohl es gar nicht fremd war, und wenn sie das Eigene hassen müssen, dann ist das, so würde ich sagen, die Basis der meisten politischen Kämpfe. Wenn wir wählen gehen, dann sieht es vordergründig so aus, als ob es bei den Personen, die sich zur Wahl stellen, um politische Unterschiede ginge, um unterschiedliche Wertefragen. Die mögen zwar vorhanden sein, aber sie sind nicht der wirkliche Grund, warum wir diese oder jene Person wählen. Die Entscheidung hat viel öfter mit der Problematik zu tun, dass die Leute eine starke Person suchen, jemanden, der sagen kann, was los ist, der sie befreit von dem inneren Opfer, das sie nicht ertragen können. Wie ich schon sagte, es gibt diese zwei Drittel in der Bevölkerung, die eine starke Hand suchen, das ist eine Forschung, die in Deutschland von der Friedrich-Ebert-Stiftung über Rechtsextremismus und Gewalt gerade durchgeführt wurde.

Ist es eigentlich möglich, in der Politik oder in der Wirtschaft, in all diesen öffentlichen großen Systemen, wo man richtig Karriere machen kann, ohne Hass, ohne Selbsthass emporzukommen?

Das ist eine gute Frage. Man sollte ja denken, dass jemand aufsteigen kann, etwas entwickeln möchte aus Gründen, die, sagen wir einmal, mit gemeinschaftlichen Gefühlen, mit positiven Hintergründen zu tun haben. Vielleicht gibt es so etwas. Ich kenne sie nicht. Ich denke an dieses Buch von Daniel Goeudevert, einem bedeutenden Industriellen, der einige Zeit Mitglied im Konzernvorstand von Volkswagen war. Nachdem er ausgestiegen war, schrieb er dieses interessante Buch, es heißt: „Wie ein Vogel im Aquarium". Darin sagt er: „Der Mächtige weiß oft genug nichts von der schweren Goldkrone, die er trägt, und die Beziehungen zu seinen Lakaien scheinen ungetrübt, solange er auf dem Thron sitzt. Er bekommt alles, was er will, er umgibt sich mit einer Entourage nach seinem Geschmack und empfängt Menschen aus aller Welt, die den Kontakt zu ihm suchen. Im Glauben, dass das alles mit seiner eigenen Person zu tun habe, entfernt er sich weiter und weiter von der Realität des menschlichen Lebens. Sein Schatten wird übergroß, bis dahinter alles verschwindet."

Hier haben wir wieder die Pose. Die Wirklichkeit verschwindet, ebenso wie die anderen und auch er selbst, bis er im wahrsten Sinne des Wortes ein Schatten seiner selbst wird. Diese Leute leben ein Image. Und Leute, die ein Image leben, können doch nicht wirklich mit sich selbst verbunden sein. Denn wenn man selbst ist, dann kann man nicht ein Image aufpolieren und danach leben, solch ein Mensch kann nicht das, was er ist, verleugnen.

Vielleicht sind alle großen Institutionen, die Schulen, die Universitäten, die Wirtschaftskonzerne, die Politik, alle Orte, wo Menschen Karriere anstreben, auf Image und Pose aufgebaut.

Ja, vielleicht sollte ich doch noch einmal C. W. Mills zitieren. Weil er es vor fast vierzig Jahren so klar beschrieben hat. Er sagt, solche Menschen können ihre Position nur erreichen und halten, indem sie sich in die Pose der, er nannte es „tatkräftigen Persönlichkeit", werfen. Ich zitiere ihn: „Man gibt sich charmant. Lächelt oft, zeigt sich als guter Zuhörer, man unterhält sich über die Interessen des anderen und bringt ihn dazu, sich richtig zu fühlen. Und all dies wird mit großer Aufrichtigkeit getan. Persönliche Beziehungen werden so zur Werbung, alles nur um des Erfolges willen.

Man muss dauernd andere – und auch sich selbst – davon überzeugen, dass man das Gegenteil dessen ist, was man wirklich ist." Und wenn dann so ein tatkräftiger Manager seinen Job verliert, dann erleidet er nicht nur einen Imageverlust, sondern gleichzeitig einen Identitätsverlust. Er vermischt da etwas, nämlich Identität und Image. Denn er glaubt, dass sein Image seine wirkliche Identität sei. Das heißt: Wenn man das Image verliert, dann hat man keine Identität mehr. Und das ist das Schreckliche, das Grauenhafte, das Tragische, dass solche Menschen, die im Grunde so tatkräftig aussehen, so wundervoll wirken, keine wirkliche eigene Identität haben.

Sie sprechen von Pose, Image, Anpassung und darüber, dass dies alles ohne Gehorsam nicht möglich ist.

Ja, ich denke, ohne Gehorsam ist das alles gar nicht möglich. Denn die Menschen werden im Zuge dieses Selbstverrats und des Selbsthasses zum Gehorsam verurteilt. Der Gehorsam ist aufs Tiefste verwurzelt in dem Prozess, der zur Entfremdung des Eigenen führt und dessen Kern die Unmöglichkeit bildet, die Eltern so wahrzunehmen, wie sie wirklich sind.

Es geht aber weiter: Der gesamte öffentliche Raum lebt von der Pose, von dem „als ob", von der Verleugnung. Schon in der Schule werden die Kinder von den Eltern dazu angehalten: Sei aber aufmerksam, melde dich ganz oft, dann hat der Lehrer das Gefühl, dass du sehr aktiv bist, dass du interessiert bist. Man sagt: Zeig dich interessiert, mach, was der Lehrer will, damit du eine gute Zensur bekommst. Schon Kinder lernen, dass die Pose zum Erfolg führt, und nicht die Wahrheit. Kinder lernen, dass Anpassung und Gehorsam vorteilhaft sein können. Wenn du nicht angepasst bist, wenn du nicht gehorsam bist, kommst du nicht weiter. Wenn Kinder sich verweigern, wenn sie schlechte Zensuren nach Hause bringen, werden die Eltern wütend. Die alltägliche Verleugnung ist ja schon zum ganz normalen Bestandteil unserer Kultur geworden.

Leider ist es so. Das Verhängnisvolle in unserer Entwicklung ist ja, dass Gehorsam ein Beitreten, eine Identifizierung mit demjenigen, der Gehorsam verlangt, mit sich bringt.

Was richtet denn dieser Gehorsam an? Im Grunde sind doch die Gehorsamen in unserer Gesellschaft die Guten, die Starken, die Leistungsfähigen. Die Gehorsamen sind doch die so genannten Leistungsträger. Und die Ungehorsamen, ja die fallen sogar noch auf. Die werden arbeitslos, rebellieren, werden depressiv, werden psychisch auffällig, kommen vielleicht in die Psychiatrie.

Stanley Milgram, ein Psychologe an der Yale Universität, hat in seinen Arbeiten von 1963 und 1975 gezeigt, dass der Gehorsam in unserer Kultur eine viel größere Rolle spielt, als wir wahrhaben möchten. Wir selbst halten uns ja in der Regel nicht für gehorsam. Milgram hatte seine Untersuchungen in Connecticut durchgeführt, also einem jener US-Staaten, die 1776 als erste gegen England revoltierten und die gemeinhin als sehr demokratisch gelten. Milgram wollte Erklärungen für die Auswüchse des Gehorsams während der Nazizeit finden. Die Arbeiten von Theodor W. Adorno (1950) und Erich Fromm (1941) hatten ihn zu seinen Experimenten inspiriert. Zu seiner eigenen Überraschung zeigte sich dann, dass auch normale amerikanische Mittelklassebürger zu grausamen Taten bereit waren, wenn eine Respektsperson ihnen Gehorsam abverlangte. 65 Prozent von Milgrams Versuchsteilnehmern folgten ohne große Widerrede den Anweisungen eines Versuchsleiters, der als wissenschaftliche Autorität ausgewiesen wurde. In einem fingierten Forschungsprojekt ließen sie Menschen aus angeblich pädagogischen Gründen mit (vorgetäuschten) Elektroschocks behandeln, obwohl diese unter Schmerzen zusammenbrachen (die „Opfer" spielten dies vor). Selbst Schreie und Ohnmachtsanfälle der Gepeinigten konnten die meisten Versuchspersonen nicht davon abbringen, den Anordnungen des Leiters Folge zu leisten. Nur einer von dreien weigerte sich, mit der Quälerei fortzufahren. Milgrams Experiment wurde inzwischen in vielen Ländern, auch in Deutschland, wiederholt – stets mit denselben Resultaten.

Was geht in einem Menschen vor, der einen anderen aus Gehorsam quält? Der mit ansieht, wie sich sein Opfer unter Schmerzen windet und trotzdem mit der Bestrafung fortfährt? Milgram ging dieser Frage nicht weiter auf den Grund. Auf meine Nachfrage bestätigte er mir jedoch in einem Briefwechsel, dass die Mehrzahl seiner „gehorsamen" Probanden während des Experiments psychosomatische Störungen entwickelte. Sie schwitzten, zitterten, fingen an zu stottern, bissen sich auf die Lippen und litten unter Krämpfen. Das heißt, dass sie die Schmerzen des anderen durchaus empathisch miterlebten, was auch aus den Untersuchungsprotokollen ersichtlich ist. Sie ließen sich jedoch durch ihre psychosomatischen Reaktionen auf das Leiden ihres Opfers in keinster Weise in ihrem Tun beeinflussen. Die Not des anderen, seine Schmerzen, sein Leid, seine Verzweiflung, drangen also nicht wirklich in ihr Bewusstsein vor, obwohl es eindeutige psychosomatische Reaktionen darauf gab. Möglicherweise bedeutet dies, dass das Auftreten psychosomatischer Reaktionen bereits ein Anzeichen einer Entfremdung von der eigenen Wahrnehmung und den eigenen Gefühlen ist.

Dennoch: Diese Forschung ist in diesem Sinne noch hoffnungsvoll. Wir sind ja nicht wirklich Maschinen. Manche Menschen geben die Schocks einfach. Es macht ihnen nichts aus. Manche geben sie nicht. Manche geben sie und leiden dabei. Aber das Schreckliche ist, dass so viele Menschen einfach tun, was die Autorität ihnen befiehlt. Und das passiert nicht nur in den dunkelsten Ecken der Welt, es passierte auch in hoch industrialisierten, liberalen Staaten.

Welche Folgen hat dieser Gehorsam und die Anpassung in unserem Leben? Kann man sie schon in der Kindheit und Jugend sehen?

Man kann die Folgen sehen. Natürlich muss man differenzieren. Da sind manche Kinder, die nicht gehorsam sind, da sind manche Kinder, die ganz außergewöhnlich gehorsam sind, und dann gibt es auch solche, die nicht brav sind, aber trotzdem sind sie gehorsam gegenüber den Strukturen der Gewalt, der Autorität. Die versuchen, andere zu unterdrücken. Sie sind gehorsam, weil sie gehorsam der Unterdrückung gegenüber sind, der sie ausgesetzt waren. Sie geben weiter, was ihnen angetan wurde. Wir sprachen von der pathologischen Treue, diese ist ja ein Aspekt dieses Gehorsams. Diese Menschen glauben jedoch, dass sie frei sind. Die Milgram-Teilnehmer in Newhaven waren alle der Ansicht, dass sie nicht zu den gehorsamen Leuten gehören.

Wenn man die Geschichte betrachtet, wenn wir uns die großen Reiche wie Babylon, Persien, Ägypten, Griechenland und später Rom anschauen, dann ist das Bindeglied immer, dass alles getan wird, um die Autorität des Herrschenden zu untermauern und nicht in Frage zu stellen. Ihre „moralischen" Werte wurden ja entwickelt, um den Gehorsam zu legitimieren. Das ist unsere Geschichte. Die Geschichte unserer Zivilisation ist Gehorsam. Es kommt immer wieder zu diesem Anpassungsprozess. Ich kann mich an eine Aussage eines Schweizer Polizisten erinnern. Am 27. März 1979 wurde während einer politischen Demonstration in der Schweiz ein Schriftsteller von zwei Polizisten festgenommen und zusammengeschlagen. Einer der Polizisten sagte bei der späteren Gerichtsverhandlung: „Was wollen Sie denn von mir? Ich habe mein Leben lang gehorcht, als Kind, als Schüler, in der Ausbildung, als Soldat und nun als Polizist. Ich habe nur meine Befehle ausgeführt."

Die Soldaten sagen: Es war ein Befehl. Oder die vielen Prozesse nach dem Dritten Reich, die schlimmsten Verbrechen wurden im Namen des Gehorsams begangen, es war doch ein Befehl ... Es hat einen Befehl gegeben, die Juden ins Gas zu schicken. Es war ein Befehl ... Jede Grausamkeit, die begangen wurde, war ein Befehl und man hat ihn ausgeführt.

Wissen diese Menschen nicht, dass sie grausam sind, dass sie töten? Steht der Befehl und der Gehorsam moralisch über dem Gewissen?

Das ist eine wichtige Frage. Sogar Eichmann sagte ja am Ende: Ja, das, was er getan hatte, war nicht richtig, aber er übernahm keine persönliche Verantwortung, indem er sagte, dass er nur Befehlen gefolgt sei. Dadurch brauchte er sich nie zu konfrontieren mit dem, was vor sich ging, weil es ja nicht seine eigene Verantwortung war. Das sind dieselben Menschen, die von Pflicht und Verantwortung sprachen. Überhaupt von Pflicht. Aber Pflicht meint für sie doch einfach nur Gehorsam. Und dadurch hat man keine Verantwortung. Das, könnte man sagen, ist der „Trick" dieses Gehorsams. Man ist da nur involviert im Gehorsam-Sein, dafür wird man nämlich gelobt. Und das ist das Wichtige.

Auch wenn man Menschen dadurch tötet?

Das ist gar nicht wichtig. Das Wichtige ist, wie man aussieht, und dass man für die Rolle, die man spielt, gelobt wird oder einen Orden bekommt. Auf diese Art wird man von Gefühlen distanziert. Dann braucht man nichts für andere Menschen zu fühlen. Gefühle belasten die Gehorsamen. Sie stürzen sich deswegen in den Gehorsam hinein. Gehorsam führt zum Verlust der eigenen Menschlichkeit. Und dieser Gehorsam wiederum macht es unmöglich, die angestaute Wut gegen jene zu richten, die den Hass und den Selbstverrat in uns hervorgerufen haben. Doch die Wut ist da, ebenso der Hass auf das eigene Opfer, das man als fremd von sich weisen muss, um sich mit den Mächtigen zu arrangieren.

Das heißt, dieser Gehorsam ist die Triebfeder des Hasses und seine Legitimation zugleich? Menschen töten im Namen des Gehorsams und sagen „guten Gewissens": Es war ein Befehl?

Ja. Das ist ein wesentlicher Aspekt, dass man dann den Hass ausdrücken kann, ohne sich verantwortlich zu fühlen. Aber noch etwas ist wichtig: Da ist ja auch die Wut gegen die aktuellen Täter, den eigenen Vater, die eigene Mutter oder irgendwelche anderen Autoritäten. Die Wut darf natürlich nie zugegeben werden, denn die macht ja Angst.

Die aktuellen Täter, die mir mein Selbst genommen haben?

Ja. Und das Interessante ist ja, dass Hitler Menschen dazu brachte, seiner Revolution im Namen der Aufrechterhaltung des väterlichen Gebots beizutreten. Was ich damit sagen will: Viele von denen, die Hitler folgten, waren ja ihren eigenen Vätern gegenüber autoritätshörig. Aber die Sache ist nicht so einfach. Nur weil die Väter autoritär waren, heißt das noch nicht, dass die Söhne und Töchter sie nicht im Inneren hassten. Indem sie jedoch im Namen der Autorität Hitler folgten, konnten sie die Autorität ihrer eigenen Väter zerstören. Das hört sich an wie ein Paradoxon. Ist es aber nicht. Es gibt noch einen weiteren Aspekt, der im Zusammenhang mit der Identifikation mit dem Aggressor von Bedeutung ist. Es handelt sich um den Hass auf den Unterdrücker, der nicht direkt ausgedrückt werden darf. Der Hass auf die Mutter wird, wie bereits beschrieben, durch eine Verachtung und Erniedrigung der Frau ersetzt. Der männliche Machismo führt jedoch dazu, dass der Terror, der von Frauen ausgeht, vordergründig weniger stark erlebt wird. Stattdessen wird auf der bewussten Ebene der Vater mehr gefürchtet. Es ist interessant, dass gerade faschistische, aber auch kommunistische Regime die Autorität des Vaters untergraben, indem sie diese der Autorität des Führers unterordnen. Eine Patientin beschrieb die Bekehrung ihres Vaters zu Hitler einmal mit den Worten: „Du kommst vom Vater weg, wenn du dich mir, das heißt Hitler, verschreibst." Ihr Vater hatte gegen die Dominanz seines eigenen Vaters gekämpft, der ihn in allen Bereichen seines Seins beherrschte; am Ende jedoch unterwarf er sich ihm jedes Mal, weil er ja alles besser wusste. Aber eines Tages unterwarf er sich Hitler, nachdem er ihn bei einer Versammlung hatte reden hören. Er tat dies, obwohl (oder gerade weil) er wusste, dass sein Vater ein Gegner Hitlers war. Hitler symbolisierte starken Willen und den Glauben an sich selbst, also alles, was dieser Mann in Beziehung zu seinem Vater unterdrücken musste. Als Nazi praktizierte dieser Mann das gleiche Verhalten wie der Vater, und er bekämpfte alle, die nicht in seinem Boot saßen, Juden und Linke, mit der gleichen vernichtenden und verachtenden Härte, mit der sein Vater ihm begegnet war. Durch die Identifikation mit Hitlers Pose gab er die Bestrafung weiter, die er selbst durch seinen Vater erlitten hatte.

Die Verachtung des terrorisierenden Vaters kann also leicht zutage treten, wenn man sich einer noch gewaltigeren Macht ergeben kann. Unverändert bleibt dabei die Bereitschaft, sich zu ergeben, sich der Autorität auszuliefern, weil die Kraft fehlt, sich eine Erlösung in einem Prozess der Selbstfindung zu erarbeiten.

Diese Angriffe auf die Seele eines Kindes, der daraus resultierende Hass und Selbstverrat, der das Eigene zum Fremden macht, all diese Prozesse ereignen sich doch überall auf der Welt. Bedeutet dies, dass Folter und Gewalttätigkeiten, Massenmorde, wie sie in Deutschland während des Dritten Reiches verübt wurden, jederzeit und überall möglich sind – im Namen des Gehorsams?

Ich denke, ja. Das einzige, das man einschränkend sagen muss, was in Deutschland vielleicht anders war, hatte mit der Kultur der Deutschen zu tun. Mit diesem verdammten Gehorsam ... Der Gehorsam, die Zerstörung des Eigenen, scheint mir noch stärker und radikaler in Deutschland, in der Geschichte der Deutschen, gewesen zu sein. Die deutsche Geschichte ist eine Geschichte des Gehorsams. Es gibt zu wenige Menschen, die gegen das Unrecht opponieren. In Deutschland war das so total, was Hitler herbeibrachte. Aber er konnte es herbeibringen, denn seine Macht war der Gehorsam der Deutschen. Der Gehorsam hat ja eine Tradition, die in Deutschland ungebrochener war, zum Beispiel gab es in Deutschland nie eine richtige Bauernrevolution, Luther hatte viel mit ihrer Unterdrückung zu tun. Und die Revolte von 1847 führte dazu, dass ganze Generationen derer, die revoltierten, ins Ausland flüchten mussten. Das tat z. B. der USA gut, dass so viele dahingingen, zum großen Verlust der Deutschen.

Ist das heute in Deutschland immer noch so?

Im früheren Ostdeutschland scheint es mir noch viel schlimmer als im Westen zu sein, im Sinne von Fremdenfeindlichkeit usw. Und ich denke, dass unter dem so genannten kommunistischen Regime das Autoritäre und der Gehorsam nochmals verstärkt wurden, so dass die Menschen gar nichts aus dem Verlust des Krieges für sich selbst schöpfen konnten, dass sie sich selbst gar nicht anschauen konnten. Und die 68er-Bewegung in Westdeutschland, die ja gegen das Autoritäre und Gehorsame in den Deutschen rebellierte, es aufdeckte, die gab es ja überhaupt nicht im Osten.

Deswegen wird die 68er-Bewegung heute nach der Wiedervereinigung denunziert. Sie wird als ein Makel, eine Sünde in der deutschen Vergangenheit gesehen, als ein Angriff auf die Demokratie. Der Wert dieser Revolte wird ins Gegenteil verkehrt.

Es war keineswegs ein Makel, eine Sünde. Man kann froh sein, dass es diese Studentenrevolte gab. Die Terroristen waren eine ganz kleine Minderheit von denen, die rebellierten, die töteten. Rudi Dutschke und viele andere, die waren ja völlig gegen den Terrorismus. Das waren die wahren Führer der Revolte. Die Terroristen waren ein ganz kleiner verrückter Teil, die unmenschlich wurden und versuchten, abstrakte Ideen nachzuleben. Sie waren diejenigen, die vor der Möglichkeit der Liebe wegliefen. Und das ist es, was Heinrich Böll damals sagte, als er das Buch „Wie alles anfing" von Bommi Baumann beschrieb, das Buch wurde ja dann verboten von der deutschen Regierung. Böll sagte ungefähr: Es ist ja verrückt, das Buch zu verbieten. Wenn ihr das lest, dann könnt ihr doch verstehen, wie sich der Terrorismus entwickelte und was man dagegen tun kann. Böll schrieb in seinem Vorwort zu diesem Buch, dass Baumann erkannte, dass der Terrorismus etwas mit Angst vor der Liebe zu tun hatte. Es war ein Weglaufen vor der Liebe. In dem Moment, wo Baumann das erkannte, gab er ja auch auf.

Warum war das ein „Weglaufen" vor der Liebe?

Nun, Gewalt ist ja immer eine Art, das zu bekämpfen, das zu verneinen, was man benötigt. Wenn man sich gewalttätig fühlt und agiert, fühlt man sich sehr stark. Wenn man stark ist, braucht man keine Zuwendung. Ich meine, das ist im Kopf dieser Leute. Und dann müssen sie sich dauernd bestätigen, dass sie keine Zuwendung brauchen, und deswegen wird die Welle der Gewalt immer schlimmer, die Spirale dreht sich immer mehr nach oben. Diese Leute können gar nicht aufhören, weil sie Angst haben vor ihren eigenen Bedürfnissen nach Liebe, nach Zuwendung. Aber das fängt schon sehr früh an. Im Kind. Mit diesen Mördern, mit denen ich im Broadmoor-Spital in England arbeitete, war es dasselbe. Es war die Liebe, die sie entbehrten. Das Bedürfnis nach Liebe wurde gehasst, das brachte sie ja in Schwierigkeiten. Ich erwähnte ja schon das Beispiel einer Mutter, die ihren Sohn, einen späteren Häftling, mit drei Jahren mit kochendem Wasser übergoss. Er erinnerte sich daran ohne irgendwelche Gefühle von Schmerz. Schmerz und die Liebe, die diesen Schmerz hätte mildern können, wurden verneint und gehasst und dann gegen andere Menschen ausgetragen. Murray Cox, der englische Psychoanalytiker und Psychiater, entwickelte eine sehr interessante Therapie für diese Mörder. Er ließ sie in Dramen von Shakespeare mitspielen. Er brachte die Shakespeare Company von Stratford nach Broadmoor, und sie waren Schauspieler in diesen Dramen, die mit Gewalt, mit Mord, mit Verlust, mit Trauer, mit Hilflosigkeit und all diesen schrecklichen Erlebnissen zu tun hatten. Das Interessante war, indem die Mörder mitmachten, fingen manche plötzlich an, etwas zu spüren. Sie spürten den Schmerz des anderen. Und dann spürten sie ihren eigenen Schmerz. Dadurch erlebten sie hautnah den Schmerz, den sie anderen angetan hatten. Und das erste, was dann passierte, war, dass sie versuchten, sich ihr eigenes Leben zu nehmen, weil sie gar nicht mit dem Schmerz, den sie anderen Menschen angetan hatten, leben konnten. Das aber war der Anfang ihrer Genesung zum Menschen.

Der Schmerz war der Anfang ihrer Genesung zum Menschen?

Ja. Das Schauspielen brachte ihnen ihr eigenes Erleben zurück, und dadurch wurden sie mitfühlend. Wenn Leute Schmerz verneinen, dann müssen sie kompensieren durch Gewalt, durch Erobern, durch Heldentaten. Ich denke, im Terrorismus war es so. Bommi Baumann beschrieb damals in seinem Buch „Wie alles anfing" den Zusammenhang zwischen Gewalt und Liebe, dass nämlich die Gewalttätigkeit seiner Kameraden ein Versuch war, ihre Bedürfnisse nach Zuwendung und Liebe zu verneinen und in das Gegenteil zu verwandeln. Und das Gegenteil ist Macht. Sie hatten das dann natürlich ideologisch untermauert, als ob es richtig sei zu töten.

Die Vorstellung, die sie hatten, dass sie dadurch eine ganze Welt umändern könnten, ist ja schon größenwahnsinnig. Aber ich denke, das Tiefere, das dahinter verborgen lag, ist die Tatsache, dass sie ihre Ohnmacht bewältigen wollten, eine Ohnmacht, die aus dem verleugneten Schmerz einer lieblosen Kindheit emporstieg. Sie wollten sie bewältigten, indem sie sie ins Gegenteil verkehrten und dadurch „allmächtig" wurden. Das passiert, wenn man dem Bedürfnis nach Liebe entkommen will.

Dann ist es egal, ob der Terror von links oder von rechts kommt?

Er hat zumindest dieselbe Wurzel: Das Bedürfnis nach Liebe ist eine Bedrohung für diese Menschen, weil es sie scheinbar hilflos macht. Aber da ist auch ein Unterschied, denn bewusst wollen linke Gewalttäter nicht den Gehorsam unterstützen, bewusst sind sie gegen autoritäre Strukturen.

Sind Rechte anfälliger für Hass und Gewalt als Linke?

Ich denke, ja. Die Rebellion der Linken ist etwas anderes. In ihrer tieferen Gefühlslage hat es etwas damit zu tun, dass sie das Leid der Mutter erkennen und mildern möchten. Ihre Rebellion ist immer gegen den autoritären Vater gerichtet. Die Mutter und der Vater sind hier symbolisch gemeint. Manchmal ist natürlich auch die autoritäre Person in der Familie die Mutter, es macht keinen Unterschied. Aber indem man sich identifiziert mit dem Menschen, der leidet und unterdrückt wird und diese Person retten möchte, ist es eine Rebellion gegen Autorität. Auch eine Rebellion, die das Leiden anderer Menschen lindern möchte. Dagegen dient die Rebellion der Rechtsradikalen, wenn wir ihren Aufschrei Rebellion nennen möchten, der Wiederherstellung von autoritären Strukturen. Also der Wiederherstellung der Autorität eines Vaters, der vielleicht noch strenger ist, als es der eigene Vater war. Das ist ja etwas, was viele von diesen Leuten in Hitler fanden. Er nahm den Platz ihres eigenen Vaters ein, den sie dadurch beiseite schieben konnten. Ich habe solch einen Fall schon einmal beschrieben. Da war ein Mann, der später ein Oberst in der SS wurde. Er war ein Mörder. Er hat eigenhändig getötet. Hilflose Menschen. Sogar Deutsche, die er als Widerstand empfand. Dieser Mann hatte einen Vater, der sehr autoritär war, sehr konservativ, aber kein Nazi. Indem der Sohn und spätere Oberst schon 1930 Hitler sehr bewunderte, wechselte er seine Idealisierung von diesem autoritären und bestrafenden Vater hin auf Hitler. Und dadurch konnte er seinen eigenen Vater beiseite schieben. Das ist sehr eigenartig, wie diese Dinge vor sich gehen. Aber diese Rebellion der Rechten dient der Wiederherstellung von Autoritäten und autoritären Strukturen, die noch strenger sind, noch schlimmer, als die des eigenen erlebten Vaters. Und solche Führerfiguren wie Rudi Dutschke symbolisieren den unterdrückten Teil in der Familie, der durch die Rebellion befreit werden soll.

Dutschke war demnach kein Verführer, der nur eine Pose lebte, auf den die Menschen massenhaft hereingefallen sind. Dutschke war demnach ein Mensch, der wirklich seine Suche und seine Sehnsucht nach Liebe darstellen konnte.

Ich denke, das stimmt. Und es gibt ja Führer, die auf Verständnis und Mitgefühl pochten, wie z. B. der amerikanische Präsident Franklin Roosevelt. Während des Zweiten Weltkrieges sprach er Menschen immer freitags in Radiogesprächen an, er teilte mit ihnen seine

Erfahrungen über das, was gerade geschah. Und es war immer eine liebevolle Art, mit den Menschen umzugehen. Deswegen war er so populär. Menschen können darauf reagieren. Die meisten Politiker verstehen das gar nicht, und deswegen denken sie: Nur wenn man anderen eine Feindfigur vorhält, dann kann man sie gebrauchen, um an die Macht zu kommen. Es gibt aber Politiker, die auch liebevoll mit den Menschen umgehen und zeigen, dass man durch Leiden zu Stärke kommen kann. Abraham Lincoln war ja auch einer von diesen. Und in der deutschen Politik hatte Willy Brandt etwas davon.

7. Verantwortung annehmen: Warum Schuld und Schuldgefühle nicht dasselbe sind

Ich würde gerne einmal mit Ihnen über Schmerz sprechen. Was ist Schmerz?

Der Schmerz, von dem ich spreche, ist das Nicht-Geliebtsein, das Nicht-Anerkannt werden. Ich denke, eine Veränderung ist nur mit wirklichem Schmerz und Trauer möglich. Aber es gibt ja auch eine geheuchelte Trauer oder einen vorgeführten Schmerz, der eher etwas mit Selbstmitleid zu tun hat. Und Selbstmitleid lenkt vom wahren Schmerz ab, ist immer ein Manöver, das eigene Tun zu verdecken.

Womit wir beim Thema „Verantwortung" wären. Sie sagen: Wer Selbstmitleid übt, lehnt Verantwortung ab. Wer Verantwortung übernimmt, riskiert den Schmerz.

Das stimmt. Verantwortung übernehmen meint im Grunde, den Schmerz und das Leid zu erkennen, das man einem anderen antut, sogar dann, wenn es nicht ein gewollter Vorgang ist.

Schmerz, Trauer, Verantwortung – sind das die Wege, die man gehen muss, um zu sich zu finden, um diesen Fremden in sich zu spüren?

Auch das kann sich nur entwicklungsgemäß vollziehen. Eines der Mittel, mit denen Eltern leider so oft versuchen, ihre Kinder zu ihren Gunsten zu manipulieren, ist, dass sie die Kinder dazu bringen, sich schuldig zu fühlen. Die Schuldzuweisung wird gebraucht, um den Selbstwert des Kindes herunterzusetzen. Ich möchte dass genauer erklären, weil das ein großes Problem ist. Wir reden immer von Schuld, von Verantwortung und bringen die Dinge gar nicht richtig zusammen, weil Schuld gebraucht wird, den Selbstwert des Kindes herabzusetzen, um es gefügig zu machen. Das Resultat ist, dass wir dann gar nicht in der Lage sind, uns wirklich auf Schuld einzulassen. Es ist schon fast ein Reflex, dass wir Schuld sofort zurückzuweisen, weil wir sie gar nicht ertragen können, denn sie macht uns wertlos. Wie oft sagen wir in einem Konflikt: „Du willst doch nur, dass ich mich schuldig fühle, weil ich etwas nicht richtig gemacht habe." Wenn dieses Gefühl, schuldig zu sein, auftaucht, kann man sich niemals anschauen, z. B. in der Beziehung zu Kindern. Man kann niemals hinschauen auf das, was man wirklich mit dem Kind gemacht hat. Denn wenn wir uns kritisch anschauen, müssen wir uns als Eltern schuldig fühlen.

Warum ist es denn so unmöglich, die eigene Schuld, das eigene Fehlverhalten kritisch anzuschauen?

Weil wir alle gelernt haben, dass wir schuldig sind, wenn wir das, was wir tun, wirklich anschauen. Wenn wir kritisch mit uns sind, sehen wir, was wir getan haben. Wir haben gelernt, uns dann schuldig zu fühlen. Das hat mit der elterlichen Schuldzuweisung zu tun, von Anfang an. Kinder werden, wenn sie etwas falsch gemacht haben, nicht dazu gebracht, ganz einfach zu sagen: Was ich gemacht habe, ist falsch, sondern sie lernen die Botschaft: „Du taugst nichts, wenn du so bist. Du bist böse, wenn du so etwas machst. Du bist schlecht, dafür musst du dich schuldig fühlen." Ich rede jetzt vom Selbstwert einer Person. Diese

Schuldproblematik ist nämlich einer der Wege, auf denen das, was dem Kind eigen ist, abhanden kommt. Zum Beispiel: Ein Kind weint, fühlt sich traurig. Eltern, Mutter oder Vater, fühlen dann: Das Kind ist traurig, aber was bedeutet das eigentlich? Es bedeutet, dass ich als Vater oder Mutter etwas nicht richtig gemacht habe, und dann fühlen sich die Eltern sofort schuldig. Dieses Gefühl lehnen sie ab, und das Kind spürt, dass die Eltern böse werden, weil sein Traurigsein in den Eltern Schuldgefühle hervorruft. Also verleugnet das Kind seine traurigen Gefühle, damit die Eltern sich nicht schuldig fühlen müssen. Jetzt fühlt sich das Kind schuldig, weil es durch sein So-Sein den Eltern unangenehme Gefühle bereitet, dass heißt, ihr Selbstwert wurde herabgesetzt. So beginnt auch der Selbstverrat. Es ist ein komplizierter Kreislauf.

Aber warum ist es so furchtbar kompliziert?

Schuldigsein bedeutet für uns alle, dass wir etwas nicht richtig gemacht haben. Deswegen dürfen wir uns doch nie schuldig fühlen. Der Grund, warum es so schwierig ist, wirklich Schuld anzunehmen, liegt darin, dass Schuldigsein bedeutet: Wir taugen nichts. Man hat uns nicht gesagt: Was du tust, das ist nicht in Ordnung, sondern man hat uns gesagt: Du bist nicht in Ordnung. Die Handlung und die Person werden nicht voneinander getrennt gesehen. Und später können wir es selbst auch nicht mehr voneinander trennen. In dem Moment, wo wir vielleicht einen Fehler machen, denken wir sofort: Wir taugen als ganze Person nichts. Wirkliche Schuld bedeutet, Verantwortung für das eigene Tun zu übernehmen, ohne dies sofort mit Wertlosigkeit gleichzusetzen.

Also gibt es eine wirkliche Schuld?

Ja, natürlich. Man könnte sich schuldig fühlen, weil man verantwortlich ist für sich selbst und erkennt, dass das, was man getan hat, Auswirkungen hat. Dann kann man Verantwortung für sich selbst übernehmen, man kann in diesem Sinne Schuld fühlen, ohne sich als Person wertlos zu fühlen. Und dann kann man auch etwas ändern. Wenn man die Verantwortung übernimmt, wird man frei. Wenn für uns aber bedeutet, dass, wenn wir uns schuldig fühlen, unser Selbstwert nichts ist, dass wir als ganze Person in diesem Sinne nichts wert sind, dann darf man sich doch nicht schuldig fühlen. Dann kann man sich nie anschauen in Beziehung zu jemand anderem. Was wir da getan oder was wir nicht getan haben, es macht keinen Unterschied. Schuld wird zu einem die Person vernichtenden Urteil in unserer Kultur.

Ganz anders ist es z. B. bei den Montagnais-Maskapis-Indianern, die früher in Kanada am St. Lorenz lebten. Einer von ihnen sagte: Ich weiß, ich bin kein guter Kanubauer. Okay. Aber das bedeutete nicht, dass er kein guter Mensch war, dass er nichts taugte. Er wusste, dass er ist nicht der Beste auf diesem Gebiet war. Aber es gab andere Dinge, die er tun konnte. Wenn man dagegen in unserer Kultur zugibt, dass man etwas nicht kann, bedeutet es, dass man *in toto* nichts wert ist. Das ist das Problem in unserer Erziehung, dass wir dazu gebracht werden, uns schuldig zu fühlen, wenn wir etwas nicht richtig machen, weil wir in dem Moment als Mensch, als Menschlein, in den Augen der Mutter oder des Vaters ein Ungeheuer sind. Und dann kann man nie richtig selbstkritisch mit sich sein. Dann kann man auch nie wirklich Verantwortung für sich übernehmen.

Das heißt, es wird nicht unterschieden, es wird nicht gesagt: Das, was du da tust, das gefällt mir nicht, aber das ändert nichts daran, dass du als Mensch für mich dennoch liebenswert bist.

Bei uns nicht. Bei vielen der sogenannten „Primitiven" ist diese Unterscheidung immer da. Man kann etwas über einen Menschen sagen, das verdammt ihn jedoch nicht im Allgemeinen. Das ist ganz klar für diese Menschen.

In unserer Kultur dagegen denken wir, wenn wir uns schlecht benehmen, dann sind wir schlecht, und das hat Folgen für unsere gesamte menschliche Existenz.

Ja. Und daran können wir erkennen, wie wir dazu gebracht werden, ganze Teile von uns selbst abzulehnen. Der Fremde in uns ist in diesem Sinne ein großer Aspekt, warum Schuld, schuldig sein, so schwierig für uns ist. Man darf sich nicht anschauen, weil man fürchtet, dass man nichts taugt. Und das ist eine Erfahrung, die wir schon ganz früh hatten, wenn Eltern uns tadelten. Wir haben ihre Botschaft gehört, die besagte: Wir als Ganzes taugen nichts. So wurde der Selbstwert heruntergesetzt. Eine Waffe der Eltern, ihre eigenen, unerträglichen Schuldgefühle abzuwehren, besteht darin, den Selbstwert ihrer Kinder durch Schuldzuweisungen herunterzusetzen und dadurch das Kind gefügig und gehorsam zu machen, so, wie es ihnen selber angetan wurde. Wir schauen uns das Problem ja von verschiedenen Seiten an. Aber wenn wir über Schuld sprechen oder Verantwortung, kann man das gar nicht unabhängig von der ganzen Entwicklung des Fremden in uns tun.

Und wenn Menschen deshalb nicht in der Lage sind, Verantwortung für das zu übernehmen, was sie tun oder was sie getan haben, weil sie sich selbst gar nicht kritisch anschauen wollen, was machen sie stattdessen?

Dann sagen sie, ich habe es nur getan, weil jemand mir das gesagt hat. Denken Sie an Adolf Eichmann. Persönliche Schuld für das, was er getan hatte, hat er nie gefühlt. Das Interessante mit diesem Eichmann ist, dass er die Schuld, an der Ermordung von Millionen von Menschen beteiligt gewesen zu sein, gar nicht gefühlt hat. Er sagte: „Ja, es stimmt, was getan wurde, war Unrecht." Aber persönlich fühlte er nichts. Und dann geschah etwas sehr Seltsames. Das Urteil gegen ihn wurde verkündet, der oberste Richter begann zu lesen, und Eichmann blieb sitzen. Daraufhin stoppte der Richter und sagte: „Wenn das Urteil verlesen wird, muss der Angeklagte aufstehen!" Eichmann stand nicht nur auf, er wurde sogar rot im Gesicht, voller Scham. Warum wohl? Er schämte sich, *weil er sich nicht richtig verhalten* hatte. Die Pose war es, die Eichmann bewegte, er spielte die Rolle nicht richtig, die er gelernt hatte. Denn er wusste doch, dass man vor einer Autorität aufstehen muss. Und in diesem Moment hat er es nicht getan, er hat es also falsch gemacht. *Da fühlte er etwas.* Natürlich, ein oberflächliches Gefühl, aber nicht für Eichmann. Er fühlte Scham, weil er die Pose nicht vollendet beherrscht hatte. Dass er unmittelbar etwas damit zu tun hatte, dass Millionen Menschen starben, darüber fühlte er gar nichts.

Es gibt etwas, was man modern „das Schuldgefühl" nennt. Fast alle Leute reden über ihre Schuldgefühle. Und es ist eine schwere Sünde, wenn man im anderen „Schuldgefühle" auslöst. „Du, mach mir bloß keine Schuldgefühle" ist ein wichtiger „Beziehungssatz". Das Schuldgefühl ist etwas Heiliges. Können Sie mir sagen, was das ist, das „Schuldgefühl"?

Die Art, in der mit Schuldgefühlen hantiert wird, gleicht eher einem Fußballspiel. Einer sagt: Bring mich nicht dazu, dass ich mich schuldig fühle und wirft den Ball dem anderen zu. Das ist eine Möglichkeit, Schuld zu externalisieren, sie zu veräußern und dem anderen zuzuschieben, die Schuld also nicht bei sich zu lassen.

Mit Verantwortung hat es wenig zu tun?

Gar nichts, wirklich gar nichts. Aber dazu fällt mir etwas ein, ein Phänomen, wir haben noch nicht darüber gesprochen. Ich meine, diese Kreuzigungen sind ein passendes Beispiel. Es passiert ja jedes Jahr um die Osterzeit, dass Menschen in verschiedenen Städten, in Spanien, Italien usw. mit schweren Kreuzen auf der Schulter durch die Straßen laufen, sie peinigen sich, sie peitschen sich, sie wollen Schuld aus sich herauspeitschen. Na, was ist denn das? Das Interessante ist, dass all diese Leute, die dann zur Beichte gehen, sich erlöst und frei fühlen. Jetzt können sie von vorne anfangen, sie können wieder neue Schuld auf sich laden. Das ist doch eigenartig, diese Art von Schuld. Die führt doch gar nicht zu einer wirklichen Änderung, indem man sich verantwortlich fühlt, sondern sie führt doch nur dazu, dass man sich für etwas schuldig fühlt, man peinigt sich dafür oder sagt öffentlich: „Ach, ich habe falsch gehandelt" und weint, macht dann irgendeine Buße, und dann kann man wieder von vorne anfangen. Es hat sich nichts geändert, weil man keine Verantwortung übernommen hat. Es ist doch ein erschreckendes Phänomen in unserer Welt, Menschen quälen sich öffentlich mit Peitschen, die Nägel haben, das Blut läuft herunter, es sieht aus wie schreckliche Sühne, aber es ist gar keine wirkliche Reue. Und das ist nur ein anderes Beispiel für das, was wir heute Schuldgefühle nennen. Aber Verantwortung trägt niemand.

Da hörte ich kürzlich, wie ein Mann zu seiner Frau sagte: „Ach, ich habe dir gegenüber immer solche Schuldgefühle, weil ich so unbedachte Dinge tue und dann sehe ich, wie du leidest." Und irgend jemand antwortete diesem Mann: „Dann hör doch auf damit." Ist es das, was Sie mit Verantwortung meinen?

Ja. Das meine ich, das ist eine gute Geschichte.

Der Mann war enttäuscht. Er dachte, man würde ihn bemitleiden wegen seiner Schuldgefühle.

Ja, und dann hätte er sich seiner Frau gegenüber einfach so weiterverhalten können. Es hätte sich nichts geändert, er hat ja nicht wirklich unter seinem Verhalten gelitten und darunter, dass seine Frau leidet. Er wollte ja gar nichts wirklich ändern. Indem er es sagte, war er ja auch schon befreit vom Schuldgefühl. Er hat sich nie wirklich im Sinne von Verantwortung angeschaut. Das brauchte er gar nicht. Im Gegenteil, indem er sich selber bemitleidete, brauchte er den Schmerz seiner Frau nicht zu erkennen.

Wirkliche Schuld zu fühlen macht verantwortlich für das, was ich tue. Schuldgefühle gaukeln also Gefühle nur vor?

Sie machen Schuld zu einem Spiel, weil es nur darum geht, den Selbstwert, sagen wir, zu beschützen, obwohl der ja gar nicht existiert, sonst müsste ich ja nicht auf diese Weise mit Schuldgefühlen agieren. Selbstwert in diesem Sinne bedeutet dann nur, dass man das öffentliche Selbst beschützen muss, damit alle einen als tüchtigen, guten, braven, richtig funktionierenden Mann oder richtig funktionierende Frau sehen. Was man wirklich ist, im Inneren, das ist nicht wichtig. Es ist die

Rolle, die man beschützt. Und darum geht es meistens, wenn wir diese Art von Schuld fühlen. Wir verteidigen unseren Selbstwert, und zwar den öffentlichen Selbstwert.

Hinzu kommt dann noch das Selbstmitleid. Das ist doch sehr weit von Verantwortung entfernt?

Selbstmitleid, das ist natürlich ein Teil davon. Wir müssen nun wieder zurückgehen bis zu dem Moment, wo ein Kind erlebt, dass sein wirklich erlebter Schmerz tabu wird. Stellen Sie sich vor, ein Kind weint wirklich, es hat sich verletzt, und es wird dafür auch noch bestraft. Erinnern Sie sich an das Beispiel aus dem alten Nazideutschland? Ich erzählte von diesem Jungen, der von einem Holzhaufen sprang und sich verletzte, und der Vater gab ihm eine Ohrfeige. Oder hier in Zürich habe ich es gerade gesehen, als sich ein Kind beim Eislaufen verletzte, als es weinte, wurde ihm sofort befohlen: „Geh nach Hause!" Die Eltern und das andere Geschwisterkind blieben auf dem Eisring. Wahrer Schmerz bringt also Probleme in die Beziehung zu den Eltern, weil die Eltern das Weinen des Kindes als Anklage erleben, als ob sie etwas nicht richtig gemacht haben, als das Kind sich verletzte, und dann fühlten sich die Eltern schuldig. Sie hätten ja bessere Eltern sein sollen, besser aufpassen müssen usw. Das stimmt zwar alles nicht, aber die Eltern fühlen so. Deswegen wird das Kind bestraft, sie weisen ihm die Schuld zu, damit sie sich nicht schuldig fühlen müssen. Denn wenn sie sich schuldig fühlen, dann fühlen sie zugleich: Ich tauge nichts. Man könnte sich genauso gut wirklich schuldig fühlen und sehen: Aha, da habe ich etwas nicht richtig gemacht. Ich sage gar nicht, dass diese von mir beschriebene Situation überhaupt etwas mit Schuld zu tun hat. Aber wenn man so fühlt, wenn man meint, dass man das Kind nicht fest genug gehalten hat oder nicht gut genug aufgepasst hat, okay, dann soll man sich selbst anschauen und dann kann man das Verhalten ändern. Aber um solche Einsichten geht es ja gar nicht. Es geht darum, sich selbst, das öffentliche Antlitz, aufrecht zu erhalten. Und auf diese Weise lernt das Kind: Schmerz ist etwas, das eigentlich nicht geht in meiner Beziehung zu den Eltern. Und anstelle von Schmerz tritt dann eine Pose, zum Beispiel eine merkwürdige Art von sentimentalem Selbstmitleid.

Ich denke an Himmler und seine Rede in Posen, dort sagte er vor den anderen SS-Männern, die alle für die furchtbaren Leiden der Menschen im KZ mitverantwortlich waren: „Dass wir durchgehalten haben unter dem Stress dieser Bedingungen, wo wir Frauen, Kinder, alte Menschen töten mussten, und dass wir nicht zusammenbrachen, das zeigt, wie stark wir sind." Himmler bemitleidete sich selbst und die Männer dafür, was sie alles aushalten mussten unter diesen Bedingungen der Konzentrationslager. Dabei waren sie in Wirklichkeit Täter und keine Opfer! Das ist Selbstmitleid! Wahres Leid, das Leid, das anderen angetan wurde, wird dabei weggewischt. Selbstmitleid ist ein falsches Leiden. Es dient dazu, sich wahres Leiden vom Leib zu halten, das eigene und auch das Leiden von anderen. Selbstmitleid ist immer ein Versuch, öffentlich abzulenken von dem, was man anderen Menschen angetan hat. Ein „verkehrtes" Leiden. Man sagt: Schau mal, hab doch Mitleid mit mir, schau, was mir angetan wurde, wie ich leide usw. Das sagt derjenige, der sich selbst bemitleidet, damit die anderen Menschen in seiner Umgebung nicht herausfinden, welches Leid er in Wirklichkeit einem anderen zugefügt hat. Niemand soll erkennen, was wirklich vor sich geht. Selbstmitleid ist ein falsches Leiden, man kann sagen, ein lügnerisches Leiden.

Und derjenige, der sich selbst bemitleidet, holt sich Komplizen, die dann stellvertretend sein vorgeführtes Leid „rächen", die Komplizen werden aggressiv, und derjenige, der sich selbst bemitleidet, verharrt in der Rolle des passiven Opfers. Ein ziemlich übles Spiel, oder?

Ja. Aber das zeigt doch nur, dass wenn dieses Spiel gespielt wird, sich die anderen in ihrem Sein gestärkt fühlen. Das bedeutet doch nur, dass es sehr viele Menschen in unserer Gesellschaft gibt, die sich nicht ins Gesicht schauen dürfen und können. Sie haben ja alle gelernt, dass das Image, das sie von sich geben, das Wichtige ist. Und Selbstmitleid hilft ihnen, sich nicht diesem Spiel zu stellen.

Wenn Kinder das Image, die Pose der Eltern durchschauen, die Lieblosigkeit erkennen, dann wenden sie sich öfter von ihren Eltern oder von Vater oder Mutter ab. Und der Vater oder die Mutter klagen öffentlich: Seht doch, was mein Kind mir angetan hat, es wendet sich von mir ab. Und so wird das Kind in den Augen der anderen zum bösen Übeltäter gemacht. Das Selbstmitleid des Vaters oder der Mutter ist aber doch nur ein weiterer Verrat an dem Kind, eine aggressive Handlung gegen das Kind, weil es eine verdeckte Schuldzuweisung beinhaltet, die das Kind, auch wenn es schon erwachsenen ist, gefügig machen soll. Ich frage das, weil es so viele Söhne und Töchter gibt, die aus Angst vor diesen Schuldzuweisungen nicht den Mut finden, ihren Eltern gegenüber Grenzen zu ziehen.

Ja, es ist sehr schwierig, den Terror, der von Nicht-Anerkennung und Schuldzuweisung ausgeht, zu überwinden. Öfters kommt es einer Todesangst gleich, einem Gefühl, sterben zu müssen, wenn man dem Image der Eltern widerspricht.

Eltern, die ihre Kinder wirklich lieben, die Interesse an der Lebendigkeit ihrer Kinder haben, würden demnach kein Selbstmitleid zur Schau tragen, sie würden wirklich leiden und sich fragen: Habe ich meinem Kind so viel Leid verursacht, dass es diesen Schritt gehen muss? Sie würden sich, wie Sie sagen, ins Antlitz schauen und Verantwortung für ihre Handlungen übernehmen. Selbstmitleid dagegen verhindert doch geradezu, dass Eltern Verantwortung auf sich nehmen.

Absolut. Selbstmitleid tut das immer. Und wissen Sie, wer das fabelhaft konnte? Hitler. In einigen seiner großen Reden spricht er sogar fast am Ende des Krieges immer noch davon, was die Juden ihm angetan hatten und noch tun könnten, obwohl er dabei war, alle zu ermorden. Hier haben wir die Perversion des Selbstmitleids: Hitler mordete Millionen von Juden und bemitleidete sich öffentlich. Er, der Täter, machte sich zum Opfer, und die wirklichen Opfer machte er zu Tätern.

Ein anderes Beispiel von Göring: In einem Gespräch mit Gilbert, dem amerikanischen Psychologen bei den Nürnberger Prozessen, sagte Göring: „Nun, natürlich, das Volk will keinen Krieg. Warum sollte irgendein armer Landarbeiter im Krieg sein Leben aufs Spiel setzen wollen, wenn das Beste, was er dabei herausholen kann, darin besteht, dass er mit heilen Knochen zurückkommt?" Das ist die Wirklichkeit, die Göring da aussprach, aber dann sprach er weiter: Schließlich seien es die Führer eines Landes, die die Politik bestimmen. Und es sei immer leicht, das Volk zum Mitmachen zu bringen. Man brauche nichts zu tun, als dem Volk zu sagen, es würde angegriffen, den Pazifisten ihren Mangel an Patriotismus vorzuwerfen und zu behaupten, sie brächten das Land in Gefahr. Und im gleichen Atemzug verdeckt Göring die ganze Sache und sagt weiter: „Mein Volk ist schon früher gedemütigt worden, Treue und Hass werden es wieder einigen." Hier ist es wieder: Sein Volk ist „gedemütigt" worden. Das Selbstmitleid dient dazu, seine mörderische Gesinnung, das Volk in den Krieg zu treiben, zu verdecken.

Die Verleugnung des wahren Schmerzes führt zu der Umwandlung des Schmerzes in dieses Selbstmitleid. Trotzdem, so sagen Sie, geht der Schmerz nicht verloren.

Nein. Der Schmerz geht nicht verloren. Nur sein Platz im eigenen Leben.

Was geschieht mit dem Schmerz, der nicht weggeht, der ja vorhanden ist, aber nicht gefühlt werden darf?

Man hasst sich dafür, dass der Schmerz aufsteigt. Und dann muss man in dem Moment andere zu Schmerzen bringen, dadurch bestraft man im anderen den eigenen Schmerz, den man als Schwäche erlebt, als etwas, das man von sich halten muss.

Menschen, in denen das Eigene zum Fremden gemacht wird, verlieren Schöpferkraft und Selbständigkeit. Wer nicht mehr in der Lage ist, Verantwortung für sich zu übernehmen, wird sicher keinen Mut haben, seine kreativen Seiten zu sehen und zu leben. Aus ihnen werden, wie Sie sagen, die Rollenspieler, die Posenspieler, die immer wieder auf die anderen schauen, wie man lebt. Aber das ist ja nicht das eigene Leben, sondern immer nur ein Leben aus zweiter Hand. Doch gerade diese Menschen werden oft gelobt, in Kindergarten,

Schule, Beruf, im privaten Leben, es sind die so genannten „angepassten" Menschen, die auch in unserer Gesellschaft einen hohen Stellenwert haben, die erfolgreich sind, die die Jobs bekommen.

Ja. Die Angepassten sind ja jene, die ihr Mitgefühl und ihre Sensitivitäten beiseite geschoben haben, um gelobt zu werden für ihr Rollenspiel. Dadurch sind sie auch immun dem eigenen Schmerz und dem Schmerz anderer Menschen gegenüber. Also sind sie bestens ausgerüstet, um im Wettbewerb nach oben zu kommen, ohne sich auf die Gefühle der Mitmenschen einzulassen. Natürlich wissen diese Angepassten nur zu gut, wie sie das Image eines mitfühlenden, verbindlichen, uneigennützigen Menschen darzustellen haben. Der Schein wird zur Wirklichkeit.

Und was ist mit denen, die sich nicht anpassen können oder wollen, die keine Rolle oder Pose leben, die ihr Eigenes suchen und leben wollen?

Die leben ein wahres, gelebtes Leben, ein Leben, in dem zwischenmenschliche Nähe und Freude am Lebendigsein möglich ist.

8. Selbstbestimmt leben: Auf „verlorenem Posten" glücklich sein

Ich habe von Ihnen diesen schönen Satz gehört, dass auf den verlorenen Posten das wirklich Menschliche geschieht. Doch gerade die Menschen auf den verlorenen Posten müssen einen sehr hohen Preis zahlen, weil sie keine Pose leben, weil sie aus der „Rolle" fallen.

Ja. Aber wenn der Erfolg für sie nicht das Wichtigste ist, dann ist der Preis vielleicht gar nicht so hoch. Ich meine, wenn man sich selbst treu bleiben kann, dann kann man ja auch am Leben sein. Da kann man Beziehungen mit Menschen genießen. Da steigt etwas Wichtiges jeden Tag empor. Praktisch das Leben selbst. Aber wenn man Menschen nur danach bewertet, ob sie erfolgreiche Aufsteiger sind, Karriere machen, dann sind das natürlich Versager. Aber ich meine überhaupt nicht, dass diese Leute Versager sind. Die verlorenen Posten, von denen ich spreche, sind dort, wo Menschen in kaltblütigen Institutionen oder Organisationen nicht mehr tätig sein wollen, weil sie sagen, da geschieht Unmenschliches. Lieber verzichte ich auf Geld, Ruhm, Macht und Ehre, ich gehe lieber raus.

Sollte man jungen Menschen raten, sich grundsätzlich zu überlegen, ob es sich überhaupt lohnt, Karriere zu machen? Aufzusteigen? Ein tolles Auto zu fahren, viel Geld zu verdienen? Wie kann man ihnen empfehlen, die „verlorenen Posten" zu suchen, auf denen das wirklich Menschliche geschieht?

Der verlorene Posten ist ein guter Platz, auf dem man glücklich werden kann. Er fühlt sich ja nicht für Menschen, die im Leben sein möchten, die lebendig sein möchten, die Beziehungen leben möchten, die sie selbst sein möchten, wie ein verlorener Posten an. Diese englische Schule „Summerhill" z. B., die den Kindern die Möglichkeit bieten wollte, nach ihren eigenen Fähigkeiten und Wünschen groß zu werden, wurde von vielen Kindern besucht, die aus recht wohlhabenden Familien stammten. Aber diese Kinder suchten gar nicht höhere Posten. Sie suchten gar keine Universitätserziehung. Es war für sie befriedigend, ein Tischler zu werden. Und tatsächlich, Menschen können so leben und glücklich sein. Ich weiß noch, als ich vor zwei oder drei Jahren in Irland war, da traf ich viele so genannte Aussteiger, die in kleinen Dörfern auf diese Weise ihr Leben führten, mit Familien, mit Kindern. Sie erkannten, dass das wichtig war, um das Leben zu genießen. Man muss dafür nicht Millionen verdienen. Solche Ideen und solche Menschen existieren. Wir glauben immer nur, der Maßstab ist das, was uns täglich eingetrichtert wird in den Medien, in der Schule, in den Elternhäusern: Man muss doch erfolgreich sein! Man muss das und jenes tun, sonst kommt man ja gar nicht in die Zeitung! Aber es gibt viele Menschen, Millionen, die davon nicht beeindruckt sind. Die existieren auch. Es mag schon sein, dass es immer schwieriger für einen Menschen wird, sich innerhalb eines bürokratischen Systems zu behaupten. Ich hatte einmal einen Patienten, ein Psychologe, der in der Drogenarbeit sehr erfolgreich war. Er war an der Universität in New York dabei, seinen Doktor zu machen. Er war sehr gut in der Arbeit mit seinen Patienten, und doch sagte er am Ende: „Ich will da nicht mehr mitmachen. Ich kann nicht mehr mitmachen mit dem bürokratischen Getue." Er meinte damit die Akademiker der Universität und im Krankenhaus. Am Ende wollte er nichts mehr damit zu tun haben und verließ die Universität und zog sich aufs Land zurück. Er tingelte herum, seine Leidenschaft waren Jaguars. Er konnte sehr gut Jaguars umbauen. Damit verdiente er sich seinen Lebensunterhalt. Er baute ein Haus, kultivierte Land, und ich kann mich noch erinnern, wie ich zu ihm sagte: „Hör zu, ich kann nur sagen, wenn du das tun möchtest, dann ist es gut. Mir persönlich tut es leid, dass du gehst, denn dann ist wieder einer weniger, der in diesen Institutionen für mehr Menschlichkeit kämpfen wird." Aber trotzdem, mein inneres Gefühl war, dass es richtig war, was er für sich tat.

Hier ist ein Beispiel, das veranschaulicht, was ich meine mit dem Wort: verlorener Posten. Das sind die guten Alternativen, und diese Leute fühlen sich nicht, als ob sie auf verlorenem Posten wären, und sie sind es ja auch nicht. Sie sehen eher die anderen, die sich für ein gutes Image, für Geld und Karriere kaputtmachen oder kaputtmachen lassen, auf einem verlorenen Posten.

Was raten Sie jungen Menschen, die vor der schwierigen Frage stehen: Was soll ich machen, was soll aus mir werden?

Na, ja, es ist sehr schwierig. Am Ende seines Lebens wurde Einstein einmal in einem Zeitungsinterview gefragt: „Herr Einstein, wenn Sie jetzt noch einmal von vorne anfangen könnten, was würden Sie tun?" Er dachte ein wenig nach und sagte dann: „Ja, gerne würde ich wieder Physik studiert haben", und dann fügte er hinzu: „Aber ich glaube kaum, dass ich in einer heutigen Universität akzeptiert worden wäre." Einstein verstand sehr gut, dass es gerade mit seiner Originalität und seinem eigenen Denken überhaupt nicht mehr möglich sein würde, Physik zu studieren. Sodann wurde er gefragt: „Herr Professor, was würden Sie heute tun?" Da dachte er wieder nach und sagte: „Ach, ich würde wahrscheinlich ein Klempner werden. Das ist einer der wenigen Berufe, wo man noch selbständig sein könnte."

Raten Sie den jungen Menschen, nicht aufs Image zu schauen, sondern auf die Frage zu hören: Was will ich, was macht mir Freude im Leben? Egal, ob meine Ausbildung, mein Beruf ein hohes Ansehen hat? Wichtig ist, dass es mein eigener Wille, mein eigener Wunsch ist, nach dem ich lebe?

Ja, unbedingt. Es ist ganz komisch. Mir fällt dazu etwas ein. Ich erinnere mich, als ich in einem der psychoanalytischen Institute in New York war, da waren meine Kollegen, und ich dachte immer, wir seien ja alle einander sehr ähnlich, indem wir den Menschen verstehen und ihm helfen wollten. In dem Moment aber, als wir Mitglieder der Vereinigung wurden, also Analytiker, wurde das Image „Analytiker" zu etwas Mächtigem. Und sofort fühlten diese jungen Männer, dass sie jetzt einen Status hatten. Plötzlich erkannte ich viele von ihnen nicht wieder. Jetzt waren sie in der Pose des großen Analytikers, und sie nahmen sich sehr ernst, es gab keinen Humor mehr, man durfte darüber keine Witze mehr machen. Es ist sehr interessant, dass in dem Moment, als die Pose verwirklicht wurde, in diesem Fall die Pose des Analytikers, sich diese Leute änderten. Es ging also auch hier darum: Entscheide ich mich für mein Eigenes, auch in meinem Beruf, oder für die Pose. Es gab auch einige von meinen Kollegen, die sich nicht änderten.

Wenn dieser Fremde den Menschen bestimmt, dann ist er tatsächlich „fremdbestimmt". Ich glaube, dass ein Lebensweg dann auch zum Irrweg werden kann. Wenn ich diesen fremden Teil in mir nicht wieder zu meinem Eigenen mache, dann werde ich wahrscheinlich immer ein Leben leben, das nicht wirklich mein Leben gewesen ist. Man stirbt dann und hat nie das Eigene gelebt. Das ist eine ziemlich traurige Vorstellung.

Öfter passiert etwas, was wir „Change of Life" nennen. Das ist die Psychose, die sich manchmal im Alter durch einen Wechsel, eine große Umstellung entwickelt. Das trifft nicht auf alle Menschen im selben Grad zu. Es hat immer damit zu tun, wie man mit sich selbst umgeht. Wenn man jedoch Posen gelebt hat, Rollen gespielt hat, nie wirklich bei sich selber war, wenn man gar nicht weiß, wer man ist und im Alter viele Dinge nicht mehr tun kann, nicht mehr aktiv sein kann, überhaupt sexuell nicht so leistungsfähig wie früher sein kann, also wenn man diesen Wechsel als Bedrohung erlebt, weil die Pose nicht verwirklicht werden kann, dann kann es psychologisch gefährlich werden. Solche Menschen brechen dann zusammen, werden depressiv oder auch gewalttätig oder halluzinieren Größe. Sie werden heute meistens durch Psychopharmaka therapiert, das kann man sehr gut tun. Aber diese Psychosen sind wieder ein Indiz dafür, dass unsere Kultur das Leben mit der Pose fördert. Viele Menschen brechen zusammen, weil die Pose sie nicht mehr aufrecht erhält, weil sie sich im Inneren leer fühlen. Sie haben kein eigenes inneres Leben, das sie aufrecht erhalten könnte.

Haben deshalb so viele Menschen Angst vor dem Altwerden? Weil sie die Pose nicht mehr haben, weil die Fassade bröckelt und die Rolle nicht mehr hält?

Ja. Aber diese Gründe sind ihnen nicht bewusst.

Es heißt aber doch auch, wenn diese Psychose kommt, diese Leere, diese Angst vor dem Altwerden, dass ein Mensch ein Leben lang die schönste, größte, erfolgreichste Pose darstellen kann, dennoch bleibt etwas in ihm leer und es bleibt etwas, was keine Ruhe gibt. Etwas in ihm will leben und gibt keine Ruhe.

Etwas passiert, das immer wieder Anlass für eine Suche gibt. Aber meist wird es nicht eine Suche nach innen, sondern es wird zu einer Suche nach etwas da draußen, z. B. Erfolg. Dort will man immer wieder die Antwort finden. Und das ist dann eine vergebliche Suche. Diese Suche führt nur dazu, sich selbst zu zerstören. Aber es muss nicht immer so sein. Hier und da gibt es Menschen, die dann in sich hineinschauen können. Ich arbeitete für einige Jahre an der Medical School der Cornell Universität, dort hatten wir ein Projekt für Senioren und entwickelten ein psychotherapeutisches Programm. Zu diesem Zeitpunkt dachte man: „Oh, mit Leuten über siebzig zu arbeiten – viele der Menschen, mit denen wir arbeiteten, waren schon achtzig, neunzig –, das geht ja gar nicht." Man war voreingenommen, man meinte, dass man im Alter nichts bewirken kann. Das Gegenteil passierte. Wenn man ihnen die Möglichkeit gibt, können manche eine Änderung herbeiführen, noch viel schneller als jüngere Patienten. Sie erkannten, da war nicht mehr viel Zeit, und sie arbeiteten ganz gezielt daraufhin, Verantwortung für sich selbst zu übernehmen und zu sehen, ob sie nicht noch etwas Tieferes in sich selbst erreichen könnten. Manche wurden kreativ, sie malten, andere suchten eine neue Beziehung mit Menschen, wurden offener für neue, interessante Dinge. Diese Möglichkeit existiert immer.

Es ist also niemals zu spät?

Nein, niemals, selbst am letzten Tag ist es nicht zu spät.

Es gibt eine Geschichte von Tolstoi, eine Novelle, sie heißt „Iwan Illitsch". Darin geht es um einen hohen russischen Bürokraten, der an Krebs erkrankt. Und in dieser Zeit erkennt er plötzlich durch seinen sehr mitfühlenden Diener das Menschliche. Er sah etwas, er erlebte Mitgefühl, was er nie zuvor wahrgenommen hatte, und dadurch kam er selbst wieder zum Leben. In dieser Begrenzung seines Lebens durch die Krankheit öffnete er sich dem Leben. Es ist eine sehr tief beeindruckende Geschichte, wie ein Mensch unter den Bedingungen einer schweren Krankheit zum Menschen wird. Vorher liebte er Status, Rollen, Reichtum, das wurde alles anders.

9. Wege aus dem Hass: Mut machen zur Menschlichkeit

Es gibt eine Parole gegen Fremdenfeindlichkeit, die heißt: Dem Hass keine Chance. Gibt es denn überhaupt eine Chance, den Hass in der Seele zu beseitigen?

Das ist eine Frage der Entwicklung. Der Hass ist ja nicht angeboren. Man kann einen Unterdrücker hassen für das, was er einem antut, aber das ist nicht dasselbe wie der Hass, der emporsteigt, weil man dazu gebracht wurde, das Eigene und das, was das Eigene hätte sein können, abzulehnen und zu hassen. Das ist eine ganz andere, tiefere Art des Hasses. Wir reden ja über Menschen, die gesteuert werden durch diesen ganz früh erzeugten Hass. Und da haben manche Menschen mehr Hass in der Seele als andere. Manche haben zu hassen gelernt, und im selben Moment kam ihnen auch Zuwendung entgegen, so dass sie auch noch andere Aspekte in sich haben, auf die man sie auch ansprechen kann. Das meine ich damit, wenn ich sage, dass die politische Arbeit immer die Aspekte im Auge behalten muss, für die die Menschen ansprechbar sind. Ich meine das Bessere im Menschen, das sie ansprechbar macht für Mitgefühl, Zuwendung und Liebe.

Viele erleben autoritäre Väter und zugleich Mütter, die sich ihnen zuwendeten. Dadurch haben sie Teile in sich von beidem, sie sind dem Gehorsam gegenüber hörig, sie haben aber auch die Möglichkeit, Zärtlichkeit zu suchen und diese nicht zu verwerfen. Politiker könnten diesen Zwiespalt auch für demokratische, menschliche Verhaltensweisen nutzen und fördern.

Das Beispiel mit den deutschen Soldaten, das ich vorher schon einmal erwähnt habe, zeigt: Diejenigen unter den deutschen Kriegsgefangenen, ungefähr ein Drittel, die sehr autoritären Vätern und deren Bestrafungen ausgeliefert waren und zugleich ein Tabu von Zärtlichkeiten, ja die Verachtung von Zärtlichkeit und Liebe als Schwäche erlebten, waren Männer, die keine eigentliche Identität hatten. Ihre sogenannte Identität basierte nur auf Identifikationen mit diesen autoritären Vätern oder Müttern. Ihre Identität basierte auf Identifikationen mit Menschen, die ihnen ja eigentlich feindlich gesonnen waren, die ihre Lebendigkeit, Kreativität und Bedürfnisse nach Zuwendung verachtet haben. Deshalb mussten die Kinder das ihnen Eigene, ihre Lebendigkeit, ihre Kreativität und ihr Bedürfnis nach Liebe beiseite schieben, um die Identifikation mit dem autoritären Elternteil zu schützen. Und so wurde das Eigene zum Fremden. Wenn man so einen Anfang hat, entwickelt sich keine wirkliche, eigene, authentische Identität. Die kann sich nur entwickeln, wenn ein Mensch wirklich Zugang hat zur eigenen Wahrnehmung, zu eigenen Bedürfnissen, wenn er Leid, Schmerz, Freude auch erleben darf. Wenn Eltern diese Gefühle von Liebe, Schmerz, Trauer, Leid verstehen und begleiten, dann kann sich daraus für ein Kind Kraft entwickeln. Das erlebten jedoch diese Männer, von denen ich hier spreche, nie. Die können nur leben im Sinne von vorgeformten Rollen, die sie zu spielen gelernt haben. Deswegen sage ich, das ist keine wirkliche Identität. Diese Menschen sind reduzierte Menschen.

Dann das zweite Drittel: Das waren Männer, die nicht nur autoritäre Erlebnisse hatten, für sie war es auch möglich zu erleben, dass etwas von ihrem eigenen Selbst akzeptiert wurde, Liebe und Zärtlichkeit.

Diese Männer schwanken hin und her. Diese Männer haben ein bisschen mehr von der eigenen Entwicklung dessen, was sie hätten sein können. Das sind die Menschen in unseren demokratischen Gesellschaften, denen wir entgegenkommen müssen, damit wir sie bewegen können, vor allem in Zeiten von wirtschaftlicher Not, wo Dinge sich wandeln und wo gesellschaftliche Strukturen sich ändern. Wir müssen ihnen helfen, dass sie sich nicht bedroht fühlen und autoritär und radikal reagieren, sondern dass sie einen Weg finden, der zur Wirklichkeit führt, wo sie mitwirken können, Gerechtigkeit und menschenwürdige Lebensbedingungen zu schaffen.

Weil es bei diesen Menschen Anknüpfungspunkte gibt? Frühe positive Erfahrungen, zu denen man eine Verbindung herstellen kann?

Richtig. Im politischen Leben hat dies Franklin D. Roosevelt praktiziert. Er fand diese Anknüpfungspunkte, und aus diesem Grunde war er ein Mann, der anders als Hitler keinen Hass predigte. Trotzdem wurde Roosevelt von der Mehrheit der Bevölkerung immer wieder gewählt. Dieses Positive existiert ja schließlich auch – nicht nur der Hass ist eine Motivation in der Politik. Abraham Lincoln ist ebenfalls ein Beispiel dafür.

Dann gibt es schließlich das andere Drittel der Menschen, die von Anfang an die Gelegenheit hatten, auf ihre eigenen Wahrnehmungen und Bedürfnisse zu bauen, weil die Eltern diesen lebendigen Impulsen entgegenkamen. Offenbar konnten die Eltern ihre Kinder als Menschen in ihrer Lebendigkeit wirklich annehmen. So ein Kind kann dann anfangen, es selbst zu sein. Und all diese Propaganda, die wir haben, dass gesagt wird, wenn Eltern ihren Kindern entgegenkommen, dann verwöhnen sie sie, und sie werden abhängig, das stimmt alles nicht. Das Gegenteil ist der Fall. Wenn Eltern einem Kind wirklich entgegenkommen, dann kann ein Kind auch die Eltern gehen lassen und eigenständig werden. Wenn aber Kinder davon abhängig werden, den Erwartungen der Eltern zu entsprechen, dann müssen sie ja immer suchen, was es ist, das die anderen wollen. Und dann können sie nicht loslassen und ein eigenes Leben führen. Das ist die wahre Abhängigkeit, die als solche gar nicht erkannt wird.

Sie sprachen über Entwicklungsstufen und darüber, dass man schon im Kindergarten erkennen kann, wie es um die Kinder steht. Man kann also sehr früh sehen, ob ein Kind mit Wut und Hass lebt. Und wenn Kinder sich als „Quälgeister" und kleine Sadisten zeigen oder wenn sie oft traurig und deprimiert sind, dann hört man häufig von Eltern und Erziehern den Spruch: Es „wächst" sich raus. Stimmt das?

Alles Quatsch. Das sind diese Phrasen, mit denen wir uns selbst betäuben. Da brauchen wir dann wirklich nicht mehr hinsehen, was los ist, wer unsere Kinder sind. Und wenn wir das tun, dann lernen die Kinder nur eine Sache: Heuchelei ist o. k. Und dann lernt man zu weinen auf heuchlerische Weise, denn man hat ja gelernt, dass wenn man ehrlich weint, weil man traurig oder deprimiert ist, die Eltern das nicht ertragen können. Wenn man dagegen heuchlerisch weint, dann kann man zur Mutter laufen, und dann sagt sie: „Ach, du Armer!", und dann tut man so, als ob man sich besser fühlt. Und die Mutter fühlt sich dann sehr stark. Auf diese Weise wird das Heuchlerische zum Leitmotiv eines Lebens.

Sie empfehlen, dass es gut ist, dem Kind liebevoll entgegenzukommen, mit Achtsamkeit und ehrlichen

Gefühlen. Aber dieses Entgegenkommen wird in unserer Gesellschaft oft diskriminiert, dann hören Eltern: „Ah, du kannst keine Grenzen ziehen", oder: „Du lässt alles mit dir machen, deine Kinder tanzen dir auf der Nase herum". Vor allem Mütter werden als verwöhnende Mütter dargestellt, als Mütter, die nicht in der Lage sind, sich von ihren Kindern zu emanzipieren. Sie hören dann: „Du lässt dich auch noch von deinem Kind unterdrücken. Nicht nur von deinem Mann. Du arbeitest für dein Kind. Du musst ihm beibringen, dass es alles selber macht."

Natürlich müssen Kinder lernen, für sich die Dinge selbst zu regeln, damit sie erfahren, dass sie Lebensfähigkeiten haben und selbständig werden können. Damit sie merken, dass sie nicht abhängig sind. Das ist das eine. Aber das andere bedeutet doch auch: Wenn Eltern ihren Kindern liebevoll entgegenkommen, dann fühlen sich die Kinder geschätzt und anerkannt in ihrem Sein. Gerade Müttern von Söhnen wird schnell gesagt: „Pass auf, du erziehst dir einen Macho!" Aber ich denke, ob die Mütter oder Väter ihren Kindern entgegenkommen aus echten Gefühlen heraus oder ob es nur eine Pose ist, ob es also eigennützige Motive sind, das spürt ein Kind doch sehr schnell. Es spürt, dass es im Grunde nicht geliebt wird, aber für eine Pose belohnt wird. So fängt man an, eine Lüge zu leben und diese noch als Wahrheit zu verteidigen.

Was kann man tun, um wieder zum Menschsein, wieder zu sich selbst zurückzufinden? Es kann doch nicht sein, dass es immer so bleiben muss, wie es ist. Es kann auch jeder Einzelne etwas dafür tun, oder man kann sogar politisch etwas tun, man kann öffentlich, vor aller Augen, etwas tun.

Es ist sehr wichtig, die menschlichen Erkenntnisse und Gefühle, die man hat, dauernd zu bestätigen. Ich habe sehr oft über dieses eine Drittel in der Bevölkerung gesprochen, das aufgrund seines frühkindlichen Umgangs in seinen Gefühlen ambivalent, also mal hier, mal da, zu finden ist. In seiner Kindheit musste es zu einem Teil das eigene Selbst als fremd empfinden, aber zu einem anderen Teil durfte es noch menschliche Gefühle in sich haben und diese auch fühlen. Indem man die Wahrheit dieser Gefühlswelt anspricht, erinnert man diese Menschen an die eigenen menschlichen Gefühle, die in ihnen noch da sind, und dadurch stärkt man sie. Wenn man es nicht tut, wenn man diese sensitive, menschliche Seite des Seins nicht anspricht, dann verkümmern die noch vorhandenen Möglichkeiten, Gefühle bei sich wahrzunehmen und zu spüren, und es werden die anderen, die Hass-Seiten ihres Seins gefördert.

Wie könnte das passieren? Haben Sie Beispiele dafür? Ich denke, dass es sich um ganz simple, alltägliche Dinge handelt?

Ein ganz einfaches Beispiel: Vor kurzem war ich in der Straßenbahn. Und da saßen drei ältere Menschen auf einer Bank vorne in der Straßenbahn. Eine ältere Dame und dann eine alte Dame und ihr Mann. Dieses alte Ehepaar war scheinbar sehr gebrechlich, sie hatten beide Stöcke. Dann standen die beiden auf. Die alte Dame wollte aussteigen, wir waren noch nicht an der Station. Sie musste sich festhalten an etwas, und da war ein Junge, vielleicht elf, zwölf Jahre alt, mit einem Rollbrett. Der Junge stand da und wollte ihr gar nicht den Weg freimachen. Und sie sagte: „Ich will aussteigen!" Er antwortete nicht. Ich nahm den Kerl an der Schulter und habe gesagt: „Junge, wo ist deine Menschlichkeit? Hier ist eine alte Frau." Die Straßenbahn hielt, und die zwei Alten stiegen aus, und die Frau rief noch von unten: „Danke!", weil sie sich beschützt fühlte. Ich habe es nur getan, weil ich fühlte, dass hier ein Unrecht geschah. Dieser junge Kerl war völlig abgetrennt von seinem Mitgefühl und wahrscheinlich auch voller Hass gegen ältere Menschen. Als die Tür schloss, sagte ich noch einmal: „Du hast überhaupt kein Herz, Junge, hast du denn diese alten, gebrechlichen Menschen gar nicht gesehen?" Er schaute mich nicht an, aber er versuchte sich zu rechtfertigen. Da war ein anderer, vielleicht vierzig- oder fünfundvierzigjähriger Mann, der auf ihn zukam, um auszusteigen. All diese Leute hatten uns gehört, aber niemand sagte etwas. Und der Junge sagte zu dem Mann: „Er will das und das, er hat das und das zu mir gesagt, von was redet der denn usw." Er fand es nötig, sich zu rechtfertigen. Das ist ein kleines Beispiel aus dem täglichen Leben. Aber ich denke, wenn Leute klarmachen, wo sie stehen, wie ich es in dieser Straßenbahn getan habe, dann ist es auch für alle anderen wichtig. Ich habe dem Jungen gesagt, was ich in dieser Situation fühlte. Ich glaube, das erweckt doch noch etwas. So etwas muss man doch tun.

Ein anderes Beispiel: Ich sah einen Mann, der scheinbar besoffen war. Das war die Haltestelle vor der Neuen Züricher Zeitung, und er taumelte ein bisschen über die Schienen der Straßenbahn und fiel hin. Ich merkte, niemand bewegt sich, und da wollte ich zu ihm gehen. Aber bevor ich ihn erreichen konnte, war da eine Frau, eine ältere Frau, die sich losgelöst hatte von den Wartenden, die auf den Mann zuging und ihm eine Hand anbot. Und ich glaube, einige der Leute, die zuschauten, fühlten sich wirklich beschämt. Genau darum geht es mir. Auf diese Art passieren Dinge, die das Menschliche in jenen, die so halb und halb sind, doch wieder stärken können. Das sind ganz einfache, unscheinbare

Beispiele des täglichen Lebens, die zeigen, wie wichtig es ist, sich für die wahre Gefühlswelt einzusetzen.

Sie haben gesagt: Wir müssen Stellung beziehen, nein sagen. Doch damit haben wir Probleme, weil Menschen den Hass als solchen oft gar nicht erkennen können oder erkennen wollen. Zuschauer, Behörden und Politiker tun ihn als jugendlichen Exzess, als normale Schlägerei ab. So bleiben wir unfähig, den Hass, der eine Gefahr für die demokratische Gesellschaft ist, zu bekämpfen. Wir müssen den Hass beim Namen nennen, um die Scham in denen zu erwecken, die den Hass zwar noch sehen, aber die Scham nicht genügend fühlen.

Ja. Das ist unbedingt notwendig. Immer wieder. Wir müssen sehr aufmerksam sein. Überall.

Aufmerksam sein auch bei politischer Gewalt. Sie fordern mehr als Zivilcourage. Es gibt in Deutschland große Demonstrationen, man nennt sie die Demonstrationen der „Anständigen", wo Menschen massenhaft auf die Straße gehen und der rechten Gewalt, dem Fremdenhass eine Absage erteilen.

Das ist sehr wichtig. Aber auch auf individueller Ebene, nicht nur in Massenkundgebungen. Diese Massenkundgebungen sind auch wichtig, denn viele Leute sind sehr stark von Autorität zu beeindrucken, und die orientieren sich daran, wenn so viele Menschen so offen Stellung beziehen für Mitgefühl und gegen Hass. Das ist wichtig, weil das denen zu denken gibt. Sogar, wenn sie es noch nicht fühlen.

Der projizierte Selbsthass wird politisch oft instrumentalisiert, für Wahlpropaganda schamlos ausgenutzt.

Absolut. Da wird ein Feindbild herbeigeholt, damit der Hass entladen werden kann. Das findet man meistens bei den Rechten, aber leider auch bei den Konservativen. Und das ist eine schreckliche Gefahr. Die Menschen, die immer wieder Feindbilder heraufbeschwören, zementieren den Hass, sie fördern bei Menschen, die voller Hass sind, zugleich die Bereitschaft, ihren Hass auszudrücken und ihre Gewalttaten auch noch als berechtigt anzusehen. Obwohl diese hasserfüllten Menschen irgendwo noch Schuldgefühle haben, werden sie bei ihren Gewalttaten durch diese Politik der Feindbilder legitimiert, und dadurch verschwinden die Schuldgefühle ebenso wie ein – wenn auch nur geringes – Bewusstsein für Recht und Unrecht. Und die Rolle solcher Politiker wird nicht genügend entlarvt, man muss sie öffentlich dafür verantwortlich machen, dass sie die eigentlichen Förderer des Hasses sind, dass sie den Hass für sich nutzen, weil sie damit ihre politischen Ziele erreichen und ihre Macht stärken wollen.

Erkenne ich einen „menschlichen" Politiker daran, dass er keine Feindbilder benutzt?

Genau das. Und er muss nicht Selbstmitleid einsetzen, um seine Position zu fördern. Das geht zusammen. Man findet immer wieder, dass die Leute, die Feindbilder heraufbeschwören, auch Selbstmitleid als Teil ihrer Kampagne gebrauchen, um zu sagen: Schau mal, wie wir wegen dieser vermeintlichen Feinde leiden. Das hängt immer zusammen. Feindbilder und Selbstmitleid gehören zusammen. Denn mit dem Selbstmitleid, das dazu dient, das Opfer in uns allen zu erwecken, kann man noch mehr gegen die so genannten Feinde aufhetzen.

Würden Sie mir zustimmen, wenn ich sage: Auf Feindbilder zu verzichten, das ist hohe, menschliche Poli-

tik. Darüber hinaus bestehende, historisch gewachsene Feindbilder abzubauen, das zeugt von politischer Größe?

Ja, es zeugt in der Tat von politischer Größe, wenn man direkt diese Probleme anspricht, wenn ein Politiker also sagt: Wir sind Brüder, nicht Feinde. Wenn erklärt und aufgeklärt wird, wie es zu diesen Feindbildern gekommen ist. Aber wenn man das erklärt, tritt man ja wirklich auf ein Minenfeld, weil es bedeutet, dass man mit Mythologien aufräumt. Das heißt, dass wir bei uns selbst verstehen lernen müssen, hinschauen müssen auf das, was uns dazu brachte zu hassen. Und da sind wir schnell auch bei dem Mythos, den wir über die Eltern aufgebaut haben. Der muss ja dann auch in Frage gestellt werden, wenn wir den wahren Feind, den wahren Täter anschauen und erkennen, nämlich denjenigen, der uns dazu brachte, Feinde zu suchen und zu hassen. Dann schwankt das ideale Bild, das wir alle über unsere Eltern mit uns herumtragen. Wir wollen sie nicht als Menschen sehen, die gute und schlechte Eigenschaften haben. Unsere Mythologie verherrlicht die Eltern, und diesen Mythos gilt es zu durchbrechen. Es gibt natürlich viele Menschen, die dagegen mit Hand und Fuß kämpfen, weil es ihnen Angst macht, die Wahrheit über das Menschsein der Eltern zu sehen. Wenn wir durch Schuld dazu gebracht wurden, die Eltern zu idealisieren, macht es Angst, die Wahrheit über sie zu sehen.

Sind Sie dafür, dass Menschen, die Hass ausleben, die Hass gegen andere Menschen ausagieren, bestraft werden?

Nein. Ich fordere eine konsequente Haltung diesen Menschen gegenüber. Und wenn ich sage, konsequent, dann meine ich damit nicht bestrafen, sondern eine konsequente Haltung, die sagt: „Du kannst das nicht tun." Das mag bedeuten, dass man Gewalttäter hinter Gitter bringt, damit sie ihren Hass nicht ausagieren können. Das ist aber nicht dasselbe, wie sie zu bestrafen. Bestrafen ist eigentlich nie wirksam. Schon die Bereitschaft zum Hass muss beantwortet werden, bevor es zu Gewalttätigkeiten kommt. Die Botschaft muss kompromisslos, klar und überzeugend sein, sie muss lauten: „Das kannst du auf keinen Fall tun, das werden wir nicht dulden." Das meine ich mit konsequent sein.

Der wichtige nächste Schritt, nachdem man gesagt hat: „Nein, das tust du nicht" besteht darin, dass man versucht, diesen Menschen eine Gelegenheit zu geben, aus dem Kreislauf des Hasses auszusteigen und sich selber anzuschauen. Ich denke an die Gruppenarbeit mit den „Gangs", also den Banden in Amerika, von der ich schon erzählt habe. Das kann man in Gefängnissen auch tun. Es mag sein, dass man Menschen, die Hass ausagieren, auch bestrafen muss, dass man sie wegsperren muss, damit sie merken, dass man nicht so agieren darf, dass man nicht einfach Hass ausdrücken darf. Aber die Konfrontation mit dem eigenen Hass muss dann weitergeführt werden.

Gewalttätige Menschen sind oft autoritätsgläubige Menschen, haben Sie gesagt. Hasserfüllte Menschen kopieren meist diese hohle Autorität, die sich in einer Pose zeigt, die nicht über ein wirkliches inneres Selbst verfügt. In Gruppen, in Banden, in Sekten kann man beobachten, wie diese Leute solchen hohlen Autoritäten massenhaft hinterherlaufen. Solche Menschen leben nicht als Original, sondern als eine Kopie, weil sie die Pose dieser hohlen Autoritäten übernommen haben. Und gegen diese hohle Autorität setzen Sie eine andere Autorität. Eine Autorität, deren Überzeugungskraft auf Liebe zum Leben beruht. Diese andere Autorität nennen Sie „die überzeugte Stimme der Menschlichkeit, die den Unentschlossenen und Wankelmütigen die Kraft geben kann, sich zum Leben zu bekennen."

Sind das diese kleinen, alltäglichen Autoritäten, denen man plötzlich in der Straßenbahn begegnet? Oder an einer Straßenecke? War es diese Frau, die diesem betrunkenen Mann auf die Beine helfen wollte?

Ja, sie war es. Sie hat das aus innerer Autorität getan und fühlte sich gar nicht beeinflusst davon, dass jemand sagen könnte: „Mensch, jetzt macht sie sich schmutzig" oder „sie bückt sich runter" oder „sie ist schwach", weil sie einem Schwachen entgegenkam. Nein. Da waren viele Passanten, die warteten auf eine Straßenbahn, und sie beobachteten die Frau, und es schien mir, dass sie sich schämten. Und da waren andere, die waren völlig kalt, so, als ob sie gar nichts gesehen hätten. Aber wichtiger sind ja die anderen, die noch erreicht werden durch eine solche Handlung des Mitgefühls. Auch wenn manche darüber lachen oder spotten, das zeugt ja nur von ihrer Scham, ihrer Verlegenheit darüber, dass sie nichts getan haben.

Scham und Schmerz. Da gibt es eine Aussage von Ihnen, die mir sehr wichtig erscheint: „Ein Bewusstwerden des Schmerzes ist der einzige Weg, den Teufelskreis der Selbstdestruktion zu durchbrechen." Aber wie kann ich mir des Schmerzes bewusst werden, wenn ich mein ganzes Leben darauf aufbaue, ihn nicht zu sehen und zu fühlen?

Sicher, da gibt es jene, die das nicht tun können. Jene, die sich und anderen Menschen viele schlimme

Schmerzen zufügen, um den eigenen Schmerz nicht fühlen zu müssen. Und dann gibt es jene, wo man ein Echo vernimmt, wenn man darüber spricht. Und etwas wird dadurch in ihnen verstärkt. Das mag viele Wiederholungen benötigen. Und dann sind da jene, die gleich hören und dann auch helfen und etwas tun. Diese verschiedenen Reaktionen und Verhaltensweisen erleben wir doch täglich.

Ich kann keine Regel, kein Rezept dafür geben, wie man zu seinem eigenen Schmerz finden kann. Ich kann Ihnen nur ein Beispiel geben von einem Schweizer Journalisten, der mit der deutschen Armee in Stalingrad war. Dieser Journalist beschreibt einen deutschen Soldaten, der soeben einen russischen Soldaten gefangen genommen hatte. Der russische Soldat war völlig erschöpft, terrorisiert, er dachte, er wird sofort erschossen. Der deutsche Soldat brachte ihn zu seinem Offizier, und der sagte ihm: „Erschieß ihn!". Der Soldat konnte nicht. Denn in dem Moment erkannte er in diesem russischen Soldaten einen Menschen, der wie er Verzweiflung und Terror erlebte. Er fühlte mit ihm. Seine Empathie, die ihm eigen war, wurde in diesem Moment herausgefordert. Dieser junge deutsche Soldat war ein Mitglied der Hitlerjugend gewesen, er war völlig überzeugt von der Mission der Deutschen in diesem Krieg, und trotzdem erlebte er den anderen, den so genannten Feind, in dem Moment als Menschen. Was dann passierte, war, dass er in seiner eigenen Truppe einen Widerstand organisierte. Denn diese Begegnung mit dem russischen Soldaten war ein Wendepunkt für ihn, ein Wendepunkt auch dem Nationalsozialismus gegenüber.

Ich will nur sagen: Was und wie uns etwas bewegt, kann man nicht immer im voraus sagen. Hier z. B. schien jemand ein überzeugter Nazi zu sein, trotzdem war etwas Eigenes in ihm lebendig, so dass eine menschliche Begegnung ihn zurückbrachte zu seiner eigenen Menschlichkeit, die dann in ihm wieder völlig erweckt wurde. Und die politische Sicht, die er hatte, über sich und die Welt, die nationalsozialistische, die wurde dadurch weggewischt. Es gibt viele solche Beispiele, natürlich auch viele einfache Erlebnisse, die jedoch immer von derselben Art sind, wo nämlich ein Erlebnis so emotionell und so stark ist, dass es alles durchdringt und die Person zurück zu sich selbst bringt. Die Arbeit, die Murray Cox mit den Mördern im Broadmoore-Spital machte, ist auch so ein Beispiel. Indem die Mörder in Dramen von Shakespeare als Schauspieler mitmachten, gerieten sie auch in eine Situation, die wieder das Eigene erweckte und damit die Möglichkeit, Schmerz zu fühlen – den Schmerz anderer und vor allem auch den eigenen Schmerz. Shakespeare zu spielen bewirkte die Wiederbelebung von Gefühlen wie Liebe, Hass, Trauer, Wut und Verzweiflung. Ich denke, dass Theaterspiele, Filme, Bücher und ganz natürliche Erlebnisse mit Menschen sehr wichtige Wege sind, durch die Mitgefühl, wo es versandet ist, wieder erweckt werden kann. Kunst ist so wichtig, weil sie unsere Gefühle weckt.

Dieses Beispiel mit dem russischen und dem deutschen Soldaten: Der deutsche Soldat erkannte in dem anderen auch sich selbst. Dieser Vorgang erklärt das Wort „Mitgefühl“. Mit dem anderen mitfühlen heißt aber auch, sich selber zu fühlen. Und umgekehrt: Wenn ich mich selbst nicht fühlen kann, kann ich nicht mitfühlen mit dem anderen. Solange wir uns nicht selber fühlen, sind wir – kollektiv gesehen – eine Gesellschaft ohne Mitgefühl. Eine Voraussetzung, um zu Mitgefühl und zu der eigenen Menschlichkeit zu gelangen, ist also die Erkenntnis: Der andere ist wie ich?

Ja. Wenn man sich selbst nicht erkennt, wirklich erkennt, kann man doch den anderen nicht erkennen. Was aber als Ersatz dafür bei vielen Menschen gilt, ist z. B. diese Kameradschaft, die kein wahres zwischenmenschliches Miteinander ist. Man fühlt sich wohl, man ist mit Kameraden gern beisammen, weil man einander Rollenspiele bestätigt. Sich auf die Schulter dafür klopft, dass man ein guter Soldat ist, dass man ein guter Kumpel ist, das ist diese Rolle. Was diese Leute wirklich fühlen, ist immer wieder etwas anderes. Subtil geht es in solchen Spielen immer darum, sich als Teil einer Gruppe zu erleben, weil man dauernd dabei ist zu beweisen, wie gut man beim Mitmachen ist.

Was ist eigentlich mit diesen Hooligans? Diese Fußball-Fans, die ja auch tatsächlich gewalttätig sind, die sich einem Verein zugehörig fühlen ähnlich wie einer Sekte, für die sie alles zu tun bereit sind. Ist das auch ein Ersatz für wirkliche menschliche Nähe und Freundschaft?

Ja, ich denke, die Gruppe gibt dem fanatischen Fan die Fähigkeit, das auszuagieren, wovor sie, wenn sie alleine wären, wirklich Angst hätten. Sie hätten Angst vor Strafe. Aber durch die Gruppe fühlen sie sich stark. Ich habe eine ganze Reihe von diesen Fußball-Geschichten untersucht. Die gehen ja viele Jahre zurück. Diese Gewalttätigkeiten sind nicht ein neues Phänomen. Nur die Medien berichten neuerdings sehr viel darüber. Es geht dabei eigentlich nur um einen anderen Ausdruck der Gewalt auf der Straße. Es geht einfach darum, Destruktivität zum Ausdruck zu bringen, zu schlagen. Es macht gar keinen Unterschied, wen. Der Gegner ist entweder der andere Spieler oder einer aus der anderen Fan-Gruppe oder ein Polizist.

Hier geht es um ideologiefreie Gewalt, die Gewalt, die unter jeglichem ideologischen Banner ausgetragen werden könnte. Diese Leute hassen, schlagen zu, weil das der einzige Weg ist, auf dem sie sich lebendig fühlen. Wir glauben, das seien alles Phänomene unserer heutigen Zeit. Aber Krawalle gab es auch schon gleich nach dem Krieg. Geschichtlich festgehalten wurden solche Krawalle das erste Mal während eines Fußballspiels in England im Jahre 1946. Damals gab es 33 Tote und 500 Verletzte. 1961 waren es fünf Tote und über dreihundert Verletzte nach einem Spiel zwischen Chile und Brasilien in Santiago. 1966 gab es dreihundert Verwundete beim Fußballspiel in Kairo, im September 1967 vierundvierzig Tote und sechshundert Verletzte in der Türkei, im März 1975 zwanzig Tote in Moskau. Also auch unter den Kommunisten passierten die Krawalle in den Fußballstadien.

Ich will damit klar machen: Das englische Fußballrowdytum lässt sich bis in die Zeit von 1885 zurückverfolgen. Da hat man es schon gesehen. Und das Anwachsen und Abflauen der Ausschreitungen in England fällt weitgehend mit den Veränderungen innerhalb der englischen Arbeiterschaft zusammen. In Zeiten relativen Wohlstands, wenn sich die Werthaltung der Arbeiter der der herrschenden Klasse annäherte, gingen die Gewalttätigkeiten zurück. Mit der zunehmenden Spaltung der Arbeiter in eine begüterte Mehrheit und einen harten Kern von Arbeitslosen, die keine Chance hatten, Arbeit zu finden, wuchs das Problem, besonders seit den sechziger Jahren. Das waren alles Menschen, in denen sozusagen das Opfer in ihnen und damit der Hass nach oben kamen. Und das war einfach Hass, der ausgedrückt wurde. Über diese arbeitslosen Jugendlichen in Liverpool habe ich gelesen: „Die jungen Leute sprechen mit einer merkwürdigen Heiterkeit, einer Art Galgenhumor, über ihr

Leben. Bitterkeit ist nicht zu spüren." Das heißt: Das Opfer-Sein wird verneint. Es ist, als sei mit dem verlorenen Willen zur Arbeitssuche auch Kritik, Opposition, das Verlangen nach radikalen Änderungen der bestehenden Verhältnisse geschwunden. Also keine Selbstverantwortung mehr. Und das lässt sich meiner Meinung nach auf die Problematik der Hooligans in anderen Ländern übertragen. Und das meine ich mit ideologiefreier Gewalt: Der Hass wird nicht von irgendwelchen politischen Interessen geleitet, sondern von stumpfer Gleichgültigkeit gegenüber dem eigenen Opfersein. Man kann und will es nicht wahrnehmen, denn man ist gehorsam – trotz Rebellion. Man ist gehorsam den tiefen Gehorsamsstrukturen der Kultur gegenüber.

Der andere ist wie ich. Diese Erkenntnis ist die Voraussetzung, um sich vom eigenen Hass zu befreien. Das heißt: Wenn ich den Schmerz des anderen sehe, dann habe ich meinen eigenen Schmerz vorher gesehen. Und diesen Schmerz zu sehen, zu fühlen, ruft Trauer in uns hervor.

Das gehört zusammen, dass man sich traurig fühlt, wenn man anfängt zu erkennen, was man wirklich erlebt hat, wie man Opfer war in seiner eigenen Geschichte. Man fühlt sich traurig, dass man solche Eltern hatte oder solche Lehrer, die einem das Leben so schwer gemacht haben. Natürlich fühlt man Traurigkeit, denn es schmerzt. Und man kann auch traurig darüber sein, dass die eigenen Eltern sich niemals als volle Menschen realisieren konnten und deswegen destruktiv waren. Man kann nicht nur über das, was man selbst erlebt hat, traurig sein, sondern auch darüber, dass die Eltern nie zu ihrer eigenen Kraft kommen konnten. Das ist auch traurig.

Ist das denn auch schon Versöhnung?

Die Sache mit der Versöhnung, das ist ein Spiel, denke ich. Was meint denn hier Versöhnung? Was meistens bei Versöhnung gemeint ist: Man muss danke sagen zu dem, der einen auf den Kopf gehauen hat. Da gibt es solche Therapien, die sind in Deutschland ganz besonders populär. Das ist aber doch eine Perversion. Versöhnung verstehe ich dagegen in diesem Sinne: Wenn man Trauer fühlt für sich, fühlt man auch Trauer für den Täter, ohne dass man ihn dafür liebt. Und das meint auch nicht, dass man sagt, wie schön, jetzt ist alles wieder gut. Nein, indem man traurig ist darüber, dass der andere zu nichts kam, er nie zu seiner eigenen Kraft fand, beginnt man zu verstehen. Man beginnt auch zu verstehen, warum es mit mir so geschehen ist. Man kann so die uns auferlegte Schuld abstreifen, die ja nur die Übernahme der Schuld der Eltern auf die eigenen Schultern war. Man kann verstehen, warum der Vater oder die Mutter nicht lieben konnten, ablehnen mussten, man kann verstehen, was mit ihnen einst geschehen ist, was sie hinderte, menschlich zu sein. Verstehen. Das ist wichtig. Man kann dann den Hass aufgeben und trauern für etwas, das einem angetan wurde.

Wenn wir die Bewältigung des Hasses von der individuellen Ebene auf die gesellschaftliche, auf die politische Ebene übertragen, dann müsste doch eine Forderung lauten: So viele Räume wie möglich, so viele Begegnungsorte wie möglich zu schaffen, ja geradezu zu institutionalisieren, wo sich Erfahrungen von Menschlichkeit und Mitgefühl mitteilen. Das müsste schon im Kindergarten beginnen. Gewaltfreie Erziehung müsste zum Programm werden. Sie haben einmal geschrieben: Die Kultur der Kindheit ist schon eine gewalttätige Kultur.

Ja. das stimmt. Unsere Kultur ist gewalttätig mit Kindern, seit vier- bis sechstausend Jahren. Es gibt eine sehr gute geschichtliche Beschreibung der Kindheit von Lloyd DeMause, dem amerikanischen Forscher, in seinem Buch „Hört ihr die Kinder weinen?". Wir sehen hier, dass schon vor Tausenden von Jahren Kinder eingeengt wurden, dass man sie in ihrer Lebendigkeit nicht wahrnahm, dass man sie zerstörte. Es gab Zeiten, wo man Kinder, um den Beton von Brücken zu befestigen, in den Beton hineingeworfen hat, wo man Kinder ganz offen in Bordelle verkaufte. Wir reden immer von der großen Athener Moralität und der Philosophie. 300 Jahre v. Chr. war die große philosophische Frage in Athen, ob es nicht Ungehorsam sei, dass ein zwölfjähriger Junge sich dagegen wehrte, dass sein Vater ihn in ein Männerbordell verkaufen wollte. Das ist nur ein kleines Beispiel dafür, wie entfernt Menschen schon lange von dieser gewaltfreien Kindererziehung sind. Natürlich möchten wir heute alle gewaltfreie Erziehung, aber die Barrieren sind in uns. Heute mag es sein, dass man Kinder nicht gleich nach der Geburt auf den Misthaufen wirft, aber Kinder werden auf andere gewaltsame Weise in Formen hineingezwängt. Manchmal durch Belohnung. Belohnung kann ja eine sehr subtile Art sein, um den eigenen Willen gegenüber dem Kind durchzusetzen, damit es sich fügt.

Verlangen Sie bessere Kindergärten, bessere Schulen?

Das sowieso. Wir haben ja Kindergärten, Schulen, aber wir haben wiederum kinderfeindliche Lehrer, kinderfeindliche Erzieher. Eine kinderfeindliche Politik. Schauen Sie sich die Programme an. Wenn gespart werden muss, opfert man immer zuerst die Institutionen, in denen Kinder und Jugendliche betreut werden. Oder die Institutionen, in denen Kunst zum Ausdruck gebracht wird. Theater, Schauspielhäuser, Kultur überhaupt. Die Orte, wo Kreativität und Menschlichkeit gepflegt werden, werden zuerst geschlossen. Das ist ein großes Problem. Es ist schon wichtig, dass wir mehr Kindergärten, mehr Krippen haben. Das entlastet die Mütter. Das ist alles wichtig. Aber wir müssen auch etwas tun, damit wir bessere Lehrer haben, bessere Kindergärtnerinnen, bessere Politiker. Gute Lehrerinnen und Lehrer und Erzieher und Erzieherinnen gibt es viele, aber wenn man zum Beispiel in Schulen hineingeht, sieht man, dass gerade diese Lehrerinnen und Lehrer es sehr schwer haben, weil sie als Behinderung im Schulsystem gesehen werden. Dieses System hat ja nichts damit zu tun, Kinder zu menschlichen Menschen zu erziehen, sondern es hat damit zu tun, dem wirtschaftlichen Geist zu dienen. Es muss alles effizient sein. Das Wichtigste ist dann die Bürokratie des Erziehungssystems und nicht das, was wirklich im Leben von Kindern geschieht.

Leistung, Zensur, Druck? Gute Note heißt gutes Kind?

Ja, da haben wir es wieder. Die Schule in Summerhill in England ist ein gutes Beispiel, das man nachahmen könnte. Von dieser Pädagogik könnte man etwas lernen. Aber alles wird getan, um solche neuen, kinderfreundlichen Modelle zu verhindern. In England versuchten sie immer wieder, diese Schule zu schließen.

Hatte man Angst davor?

Natürlich, es ist immer Angst. Angst vor der Liebe, vor dem Lebendigen, vor der Gerechtigkeit.

Was heißt das überhaupt, wenn wir von Liebe sprechen, wenn wir sagen, wir müssen der Liebe Platz und Raum geben? Lässt sich das programmatisch durchführen?

Nun, Liebe heißt z. B., dass Kinder so malen können, wie sie möchten. Dass man ihre eigenen Ideen fördert. Natürlich gibt es Kinder, die es brauchen, dass man ihnen sagt, was sie tun sollen, weil ihre eigene Initiative schon so früh gebrochen wurde. Ich kann mich an ein Kind erinnern, es ging zur Schule und war wirklich sehr originell. Die Bilder, die es malte, ebenso wie die Geschichten, die es erzählte. Der Lehrer konnte dieses Kind nicht aushalten. Er wollte das Kind unbedingt zum Psychologen bringen. Am Ende haben die Eltern dieses talentierte Kind in eine Privatschule gegeben, wo dieser Zwang nicht existierte und wo es Lehrer gab, die sich nicht durch die Kreativität des Kindes gefährdet fühlten. Diese Kreativität war überhaupt nicht verrückt. Das Kind brauchte keinen Psychologen. Es brauchte menschliche Anerkennung. Die hat es dann bekommen. Aber es war schwierig, die Eltern hatten nicht das Geld für diese teure Privatschule, aber sie haben es trotzdem getan und waren am Ende sehr froh. Dieses Kind ist heute erwachsen und eine sehr talentierte Zeichnerin. Das heißt: Wenn man Kinder wachsen lassen möchte, wenn man ihnen Raum zur Entfaltung bieten möchte, dann kann man kein Programm aufstellen, dann muss man dauernd bereit sein, auch sich selbst von neuem anzuschauen. Man muss bereit sein zu sehen, was vor sich geht, man ist dauernd am Arbeiten. Diejenigen, die alles im Voraus festgelegt haben möchten, etwa durch ein Schulprogramm oder ein Erziehungsprogramm, müssen erkennen, dass es so nicht geht, wenn sie ihre Kinder wirklich fördern wollen, wenn sie ihre Kinder in Freiheit lernen und leben lassen wollen.

Ein ganz wichtiger Punkt auf dem Weg zur Menschlichkeit des Menschen scheint das Erinnern zu sein. Mir fällt bei dem Wort Erinnern ein, dass in Deutsch-

land immer wieder eine Debatte entflammt, in der gefordert wird, man solle doch endlich einmal vergessen, endlich die Vergangenheit auf sich beruhen lassen. Andere sagen: Wenn wir vergessen, werden wir Barbaren.

Man sollte von der Vergangenheit lernen können. Diese Leute wollen ja vergessen. Das stimmt. Statt einer Gedenkstätte in Dachau wollen solche Leute einen Vergnügungspark dort bauen, wie es vor ein paar Jahren ein Politiker in Bayern gefordert hat.

Sie zitieren den Schriftsteller Milan Kundera, der geschrieben hat: „Der Kampf des Menschen gegen die Macht ist ein Kampf des Gedächtnisses gegen das Vergessen. Vergangenheit ist voller Leben. Ihr Gesicht reizt, erzürnt, beleidigt uns, so dass wir es entweder zerstören oder neu malen möchten." Das ist ein wunderschöner Satz. Warum ist das Erinnern so wichtig?

Nun, Erinnern hat mit Wahrheit zu tun. Es hat damit zu tun, dass wir erkennen, was unsere Geschichte ist, was uns geformt hat und was unser eigener Kampf war, um lebendig zu bleiben. Und das Vergessen-Sollen ist ja schon ein Teil dessen, warum wir nicht lebendig bleiben dürfen. Anders gesagt: Das Vergessen hilft uns, weniger Angst zu empfinden, denn Lebendigsein, die Wahrheit offen zu erkennen, ist ein Verstoß gegen den Gehorsam, der die Mächtigen unterstützt.

Erinnern dagegen hilft, uns zum Sehen zu bringen. Es hilft uns, wenn wir die Vergangenheit anschauen, es konfrontiert uns mit Dingen, die in der eigenen Geschichte passiert sind. Man darf sich anschauen, wie Mutter, wie Vater wirklich waren. Dass sie Menschen waren, nicht idealisierte Götter oder Göttinnen. Und natürlich ist das schwierig für viele Menschen. Man fühlt sich dann sofort schuldig, wenn man sich erinnert und etwas in Frage stellt. Das Infragestellen könnte ja auch zur Befreiung führen, es könnte zur eigenen Kraft führen, weil man nicht mehr angepasst ist, sondern weil man für sich selbst fühlen und denken kann. Zum Erinnern gehört Mut, aber das ist der Mut, der zum Leben führt, und wenn man im Leben ist, dann hat man ganz automatisch Mut.

10. Leidenschaft für den Menschen – Themen meines Lebens

Selbsthass, Selbstverrat, der Fremde in uns, das sind Lebensthemen von Ihnen. Was hat Sie zu diesen Themen hingeführt?

Meine erste Arbeit, die zu alldem führte, wo ich das erste Mal in diesem Sinne schrieb, die erschien 1968 im „International Journal of Psycho-Analysis", das ist das zentrale Blatt der Psychoanalytiker. Da schrieb ich über „Identity and Autonomy. The Paradox of Their Opposition". Also über Identität und Autonomie und darüber, dass sie in eine paradoxe Widersprüchlichkeit verwickelt sind. Da wurde der Gedanke erstmals aufgegriffen, dass Identität und Autonomie nicht dasselbe sind.

Aber warum? Wie sind Sie darauf gekommen? Was hat das mit Ihnen zu tun?

Wo soll ich anfangen? Ich erinnere mich, ich war schon als Kind so, ich hatte ein sehr starkes, wachsames Gefühl für Unrecht. Es war etwas, das mich immer sehr tief betraf. Ich kann mich erinnern, es war 1927 oder früher, ich war ein Kind und stand einmal mit meiner Mutter in einer Metzgerei. Der Metzger gab mir ein Stück Wurst, und ich ging hinaus und aß es. Und plötzlich stand ein Mann vor mir, er beugte sich ganz dicht vor mein Gesicht. Ich war vielleicht gerade mal vier. Ich war natürlich erschrocken, aber dann erkannte ich, dass er mir ja gar nichts antun wollte. Er war hungrig.

Und mich beschäftigte die Frage: Warum müssen Menschen hungrig sein? Da stimmt doch was nicht. Das meine ich mit Ungerechtigkeit. Das war, so weit ich mich zurückerinnere, immer etwas, wofür ich eine starke Sensibilität hatte. Es war ein Thema, das mich dauernd beschäftigte. Ich würde sagen, so fing es für mich an. Später, als ich lesen konnte, da las ich auch die Bibel, und was mich so tief beeindruckte, das waren die Geschichten der Propheten. Die Propheten waren ja immer Leute, die über Wahrheiten sprachen, die nicht angenehm waren für die anderen. Und deswegen wurden sie auch manchmal verfolgt. Aber da war etwas in diesen Geschichten, das mich sehr anzog. Heute verstehe ich, dass das, was mich schon damals anzog, etwas mit Unrecht zu tun hatte, mit der Wahrheit, die sagen wollte, wie es wirklich ist. Das waren Geschichten, die zeigten, wie Menschen vor der Wahrheit weglaufen, wenn ihnen das Eigene fremd gemacht wird. Und dann kamen Hitler und die Nazis, die politische Verfolgung und die Leute, die plötzlich von den Straßen verschwanden.

Damals lebten Sie in Berlin?

Ja. Und man musste sehr aufpassen vor der Gestapo. Eines Tages sagte mir mein Vater: „Wenn du den Soundso siehst, geh auf die andere Straßenseite." Dieser „Soundso" war ein Freund gewesen, der von der Gestapo verhaftet worden war. Nachdem er entlassen worden war und in Berlin wieder auf der Straße ging, folgten ihm Gestapo-Leute, um zu sehen, mit wem er sprach oder wer auf ihn zuging. Dann wurden diese Menschen verhaftet. Die Zusammenhänge dieses Unrechts und die Verfolgung waren ja sehr offensichtlich. Und als ich in Amerika aufs College ging, interessierte ich mich zuerst sehr für Geschichte, weil ich dachte, Geschichte sei ein Weg zu erklären, was passiert und was uns formt. Ich fand dann bald heraus, dass die Geschichtslehrer gar nicht an der Wahrheit interessiert sind. Im Gegenteil. Sie vermieden sie geradezu. Wenn man Fragen stellte, die wirklich zur Sache gingen, dann fanden sie immer ganz engagierte große Worte, sie übten richtige Denk-Gymnastik, mit der sie vermeiden konnten, wirklich auf die Fragen einzugehen. Dann allmählich kam ich zur Psychologie.

Warum interessierten Sie sich für Psychologie?

Was mich interessierte, war der Mensch. Ich dachte, das Studium der Geschichte würde mich zu Erkenntnissen bringen, dem war aber nicht so. Dann versuchte ich es mit Philosophie. Aber bei Philosophie war wiederum alles eine Frage der Logik, und es ging um die Systeme der Logik. Da habe ich gesagt: „Nein!" Und dann kam ich zur Psychologie.

Der erste Psychologie-Kurs war wirklich schrecklich. Der wurde von einem Professor gegeben, der ein Oberst der amerikanischen Armee-Reserve war. Das war scheußlich. Ich dachte: Da stimmt doch etwas nicht. Dann besuchte ich andere Kurse. Da gab es einen Professor Herzman und einen Professor Schein. Und plötzlich öffnete sich die Welt. So blieb ich in der Psychologie.

Weil diese Leute interessiert waren, wirklich interessiert an dem, was Menschen beeinflusste, was sie zu dem machte, was sie waren. Und weil es Menschen waren, die offen waren für neue Fragen. Das war für mich der Anfang eines Studiums, das ich vertiefen wollte.

Sind Sie innerhalb der Psychologie Ihren eigenen Weg gegangen? Oder haben Sie zuerst versucht, sich an die herrschende Psychologie und an die Psychoanalyse anzupassen? Ich kann mir vorstellen, dass der Druck und die Konkurrenz bei diesen verschiedenen Denkrichtungen sehr groß ist. Und schließlich auch die Eitelkeit. War es wichtig für Sie, dabei zu sein?

Ich habe mich immer für das Wie interessiert. Ich war nie Teil einer Bewegung im engeren Sinne.

Eher ein Außenseiter?

Nun, damals war die Psychologie noch nicht so bürokratisiert wie heute. Vor und nach dem Krieg waren wir sehr frei. Das änderte sich um 1948. Damals promovierte ich an der Universität in New York, und wir hatten fabelhafte Professoren, wie etwa T. C. Schneirla und Professor Jenkins. Aber dann kam eine neue Generation, weil der Direktor des Instituts emeritiert wurde, und da kam so ein neuer, sehr ehrgeiziger Kerl, der blieb nicht lange. Er ging dann nach Colorado und machte große Karriere. Er war nicht wirklich an Personen interessiert, sondern nur am Erfolg. Wir sprachen nie über das Menschsein und wie es zustande kommt. Das interessierte ihn gar nicht. Er war der erste von der neuen Art, auf die ich dann immer öfter traf.

Ich will damit nur sagen: Ich begann mit der Psychologie zu einer Zeit, als die Psychologie noch nicht ein Weg war, Erfolge zu erobern, die Leute waren noch an Dingen und Themen interessiert und nicht nur erfolgsorientiert. Sie waren inhaltlich interessiert an dem, was sie taten. All das änderte sich erst nach dem Zweiten Weltkrieg. Ich blieb weitgehend von dieser Entwicklung verschont. Aber so, wie ich mich kenne, hätte ich auch nicht mitgemacht. Nicht, weil ich wirklich bewusst gekämpft hätte, sondern weil es einfach nicht mein Anliegen war.

Später, in psychoanalytischen Seminaren oder im psychoanalytischen Institut, da interessierte es mich nicht, den Lehrern zu imponieren, im Gegenteil. Ich schwänzte sehr oft, weil ich dachte, die Leute, die diese Seminare halten, haben nichts zu sagen. Ich hatte dann Schwierigkeiten, als ich meine Prüfungen am psychoanalytischen Institut hatte. Als ich einen Fall besprach, versuchte ich, dem Erleben des Patienten nachzugehen. Und das war für viele von diesen Lehrern und Professoren am Institut tabu. Ich kann mich an einen erinnern, den ich sehr gerne hatte, der hieß John Hermann. Er kam aus Österreich, er war ein guter Mann. Ich habe gerne mit ihm gearbeitet. Aber als Lehrer in Seminaren war er merkwürdig. Einmal beobachtete ich ihn, als ein Kandidat einen Fall präsentierte. Hermann saß auf seinem Stuhl, ich merkte, er konnte nicht richtig stillsitzen, andauernd hüpfte er rauf und runter, und sein Gesicht wurde immer röter. Er war ein älterer Mann, er hatte Österreich nicht deshalb verlassen, weil er Jude war, sondern aus moralischen Gründen. Er konnte diese Nazis nicht aushalten. Deswegen kam er nach Amerika, nachdem Hitler in Österreich einmarschiert war.

Also, wie ich schon sagte, sein Gesicht wurde knallrot, und plötzlich konnte er sich nicht mehr halten, er sprang auf und schrie den Kandidaten an: Rede im Abstrakten, nicht in den Erlebnisformen! Der Kandidat ist fast zusammengebrochen. Vom Abstrakten her konnte man nämlich gar nicht verstehen, was in diesem Fall vor sich ging.

In der klinischen Arbeit war Hermann sehr gut, dort war er dem Patienten nahe. Aber im Seminar war er ganz anders. Und das bestimmte immer mehr die Atmosphäre. Das Abstrakte wurde propagiert, nicht mehr die Nähe zum Menschen. Und dem habe ich mich nicht angepasst, aber das war mir nicht bewusst, ich konnte einfach so nicht arbeiten. Ich weiß nur, dass die anderen Schwierigkeiten mit mir hatten. In meiner letzten Prüfung saßen statt der üblichen fünf Prüfer elf von den älteren Dozenten. Wie z. B. Dr. Spranger, das war der Sohn des famosen Sprangers aus Wien. Und er stellte mir eine für ihn wichtige Frage. Ich hatte gerade einen Fall präsentiert. Und ich berichtete über den Patienten und sagte dann „Therapeut" anstatt „Psychoanalytiker". Ich wollte nicht jedes Mal so ein langes Wort wie „Psychoanalytiker" gebrauchen. Ich sagte also „therapist" auf Englisch. Das war kürzer. Da sagte er zu mir: „Könnte es sein, Herr Dr. Gruen, dass Sie, wenn Sie in Ihrer Fallbesprechung von Therapeut und nicht vom Psychoanalytiker sprechen, meinen, dass das, was Sie hier präsentieren, ein Fall von Psychotherapie und nicht von Psychoanalyse ist?" Und ich schaute ihn an und sagte: „Nein, Herr Dr. Spranger, das ist nur eine Kurzform, damit ich beim Vortragen weniger Zeit brauche." Und das Komische war, dass er sagte: „Oh, danke." Er war sichtlich erleichtert. Ich halte das für schlichten Unsinn.

Es gibt eben auch bei den Psychoanalytikern die Pose.

Damals war es mir noch gar nicht so bewusst, was da wirklich vor sich ging. Aber später wurde es mir immer klarer.

Hatten Sie ein mitfühlendes Elternhaus? Haben die Eltern die Lebendigkeit und Kreativität des Sohnes gefördert?

Mein Vater war eigentlich sehr autoritär. Meine Mutter war viel mehr von Leid und Mitgefühl bestimmt. Mein Vater reagierte unterschiedlich. Wenn ich wirklich rebellisch war, hat er mich nicht immer dafür bestraft. Manchmal hat es ihm Spaß gemacht, dass ich ein Rebell war. Ich kann mich erinnern, wir gingen zu meinem Onkel Max, einem schlimmen Kerl. Ich war vielleicht vier Jahre alt, und ich hatte einen Matrosenanzug an. Es war ein Sonntag. Und mein Vater wusste schon, das ich seinen Anweisungen nicht folgen wollte. Das stimmt, ich hab's damals nicht tun wollen. Man musste doch strammstehen, wenn man sich verbeugte und „Guten Tag" sagte. Ich habe mich nicht verbeugt, und ich habe nicht strammgestanden. Und mein Vater meinte: „Wenn wir jetzt zu Onkel Max gehen, musst du das tun." Und ich habe gesagt: „Nein!"

Daraufhin drohte er mir. Er konnte sehr heftig zuschlagen. Am Ende sagte ich: „Okay, ich werde es tun!" Als wir bei Onkel Max ankamen, habe ich es aber trotzdem nicht getan. Und ich dachte, wenn ich nach Hause komme, wird er mich schlagen. Aber er hat mich dann nicht geschlagen. Nein, es imponierte ihm, dass ich es trotz allem gewagt hatte, gegen ihn aufrecht zu stehen. Es war eine durchwachsene Sache mit meinem Vater.

Eine Geschichte war für mich besonders wichtig. Nach der Machtergreifung Hitlers hatten wir im Fichte-Gymnasium in Berlin einen Professor namens Löschhorn. Unser Deutschunterricht bestand darin, dass er uns aus Hitlers „Mein Kampf" vorlas. Er erzählte uns, wie die Franzosen ihn im Ersten Weltkrieg, als die deutsche Armee nach Frankreich einrückte, dauernd beschummeltet hatten. Er meinte finanziell, wenn er etwas gekauft hatte. Das war das große Lernen bei Herrn Löschhorn. Und dann sollten wir deutsche Lieder lernen, auch dieses Horst-Wessel-Lied und ein anderes, „Wenn Judenblut vom Messer spritzt". Und an dem Tag sagte ich zu meinem Vater: „Ich gehe nicht mehr dorthin zurück." Mein Vater versetzte mich sofort in eine jüdisch-zionistische Schule, sie hieß Theodor-Herzel-Schule. Und das war für mich eine wirkliche Befreiung. Das war eine freie Schule. Es war auch das erste Mal, dass ich Mädchen und Jungen in derselben Klasse hatte, man duzte sich mit den Lehrern, alles war völlig anders. Da begann ich zu malen, und ich wurde in der Schule ein Schauspieler, das hat mich sehr begeistert.

Und dann wanderten wir aus, das war im Jahre 1936. Mein Elternhaus war jüdisch, aber nicht religiös. Im Gegenteil. Ich wusste gar nicht, dass ich jüdisch war. Mein Vater war politisch aktiv und er musste weg, weil die Gestapo ihm auf den Fersen war. Er hatte eine sozialistische Gruppe finanziell unterstützt. Und deswegen mussten wir vom einen auf den anderen Tag weg. Wir sind dann nach Polen ausgewandert. Mein Vater war ein polnischer Bürger, Gott sei Dank konnten wir deswegen weg. Ich möchte damit beschreiben, wie mein Vater war. Als ich fünf Jahre alt war, wusste ich doch gar nichts. Ich wusste nichts vom Judentum als religiöser Gemeinschaft oder dass es verschiedene Nationen gab. Eines Tages sagte die Lehrerin, Fräulein Goldmann, im ersten Schuljahr der Volksschule in der Gartenstraße in Berlin: Und jetzt könnten ein anderer Junge und ich nach Hause gehen. Warum sollten wir nach Hause gehen? Weil sie jetzt Religion hatten, Religionsstunde. Ich wusste nicht, was Religion ist. Ich kam nach Hause, da war eine Nachbarin, sie sagte: „Arno, was kommst du denn so früh nach Hause?" Ich sagte: „Die haben so etwas wie Rele ... Reli ..." – ich kannte noch nicht einmal das Wort. Dann hatte ich eine Unterredung mit meinem Vater. Er sagte: „Okay, wir werden dieses Wochenende ein Gespräch führen." Da fand ich heraus, dass ich jüdisch bin, dass es das gibt. Da war ich sechs Jahre alt. Es gibt Juden, es gibt Deutsche, es gibt Franzosen. Ich sagte zu meinem Vater: „Ich habe gedacht, wir sind alle nur Menschen?" Ich kann mich noch gut daran erinnern, wie erstaunt ich war. Ich habe es nicht anders gewusst. Das war meine Einführung ins Judentum, von dem ich gar nichts wusste. Mein Vater war freidenkend, er war sozialistisch eingestellt.

Er war eigentlich ein Geschäftsmann. Er war ein richtiger Autokrat. Er war kein Deutscher, aber er war einer der wenigen Leute, die ich kannte, denen die Nazis zu Füssen lagen. Er wusste, wie man mit den Nazis umzugehen hatte, nämlich mit Verachtung. Und die Nazis liebten ihn dafür. Er war auch ein sehr mutiger Kerl. Er hat nie Angst gehabt. Auch in Amerika später nicht, er legte sich mit Gangstern im Geschäft an.

Was mich wirklich rettete, als wir nach Amerika kamen, war die Tatsache, dass meine Eltern mit dem Überlebenskampf sehr beschäftigt waren. Sie ließen mich in Ruhe, ich war dadurch sehr frei. Ich ging zur Schule, ich hatte meine Freunde, und ich lernte die öffentlichen Bibliotheken in New York, in Brooklyn, kennen. Da las ich, was ich lesen konnte. Das war meine Welt. Und dadurch wurde ich frei von meinen Eltern.

Glauben Sie, dass Ihre Eltern Sie geliebt haben?

Nun, da waren Seiten, die mein Vater an mir liebte, wie etwa die innere Freiheit, die ich hatte. Einmal brachte er ein Stabilo-Set nach Hause. Natürlich fing ich gleich an zu bauen, aber nicht nach der Beschreibung. Nein, ich baute meine eigenen Dinge, und mein Vater lachte, er fand es großartig. Meine Mutter dagegen fühlte sich schrecklich. Ich tat etwas, was sich nicht gehörte. Ich missachtete die Bauordnung. Ich erinnere mich gut an die Szene. Ich sehe noch meinen Vater vor mir, wie er es genossen hat, dass ich da auf dem Boden lag und etwas zusammenbaute. Er hat das genossen – meine Mutter aber nicht. So waren beide Eltern verschieden. Da waren gute Sachen, und da waren leider nicht so gute.

Ich habe eigentlich lange mit meinem Vater und mit meiner Mutter gekämpft, und dieser Kampf endete erst, als ich eines Tages – ich hatte schon meine beiden Töchter, sie waren fünf und sieben Jahre alt – meinen Vater aus meinem Haus herauswarf. Weil er bestimmen wollte, wie die Kinder angezogen werden sollten. Nach diesem Rauswurf sprachen wir ungefähr zwei Monate nicht miteinander. Und als wir uns dann wieder trafen, entwickelten wir eine Art Freundschaft. Ich denke, ihm imponierte, dass ich ihn rausgeschmissen hatte. Er war niemand, der mit jemandem ebenbürtig umgehen konnte. Entweder der andere war oben, und er war unten, oder er war oben. Und jetzt war ich oben. Das war nicht das, was ich wollte. Aber es war wohl wichtig, dass er mich respektieren lernte.

Und meine Mutter? Sie war sehr feinfühlig, das habe ich schon sehr früh erlebt. Ich denke, sie wurde zunehmend von meinem Vater unterdrückt. Aber da war noch eine andere Person, die für mich sehr wichtig war. Eine Frau. Das war eine Dienstmagd, wie man früher sagte. Ich habe sie als kleines Kind erlebt, und ich weiß, sie war so eine offene, freudige Frau. Sie muss sehr liebevoll gewesen sein. Einmal besuchte sie uns, nachdem sie weggegangen war, um zu heiraten. Ich war dreieinhalb oder vier Jahre alt, als ich sie einmal auf der Straße sah. Ich erinnere mich noch genau, dass ich rot wurde, weil ich sie doch liebte. Und sie kam mit ihrem Mann, einem Buschauffeur in Uniform, zu mir herüber.

Ich denke, diese Frau war nicht nur für mich sehr gut. Ich glaube, sie war auch eine Gefährtin für meine Mutter, denn während dieser Zeit sang meine Mutter immer mit ihr. Das hörte auf, als sie wegging. Das waren die frühen, die ersten drei, vier Jahre.

Und Amerika?

Nun, indem meine Eltern mich in Ruhe ließen, hatte ich viel Freiraum. Ich weiß nicht, wie sich mein Leben entwickelt hätte, wenn ich in Deutschland geblieben wäre. Ich denke, es wäre viel repressiver gewesen. Aber dadurch, dass meine Eltern in diesen Lebenskampf selbst so verwickelt waren, ließen sie mich frei.

Und wo gehören Sie hin? Gibt es so etwas wie Heimat? Einen Platz, von dem Sie sagen: „Da gehöre ich hin"?

Nun, manchmal habe ich das Gefühl, dass Leute, die dieses Heimatgefühl haben, etwas haben, das ich leider nicht habe. Aber ich fühle mich meistens dort zu Hause, wo ich gerade bin.

Ob Amerika zu meiner Heimat wurde? Amerika war ja eine Rettung vor etwas Bösem. In politischer Hinsicht, meine ich. Für eine lange Zeit hatte ich das Gefühl, dass eigentlich alles dort gut war. Obwohl ich auch wusste, dass das nicht stimmte. Amerika war ja eine Rettung vor Hitler und Nazideutschland und den grauenhaften Dingen, die da vor sich gingen. In ganz Europa. Als ich in die amerikanische Armee eingezogen wurde, da fühlte ich mich auch ein Stück weit erleichtert, ich dachte: Jetzt werde ich meinen Teil tun und gegen Hitler kämpfen. Ich war im letzten Kriegsjahr in der Infanterie. Da Psychologen benötigt wurden, arbeitete ich in diesem Jahr als Therapeut mit seelisch traumatisierten Soldaten in einem neuropsychiatrischen Spital-Zentrum.

Sie leben heute in der Schweiz. Sind Sie bewusst nicht nach Deutschland zurückgekehrt?

Eigentlich wollte ich schon länger zurück nach Europa. Ich kann nicht genau sagen, warum das so war. Ich war ja öfters in Europa und fühlte mich dort irgendwie wohler. Das sind so Dinge in Amerika, wenn man dort über Leid und Schmerz schreibt, will das niemand hören. Man muss über erfolgreiche Sachen sprechen, und wenn man über Schmerz schreibt, ist das wie ein Verrat. Das habe ich gemerkt, und das war schwierig. Aber trotzdem schrieb ich darüber.

Zuerst wollte ich nach England gehen. Und dann hatte ich die Möglichkeit, in einem heilpädagogischen Institut in der Schweiz zu arbeiten. So konnte ich in der Schweiz bleiben. So fing es an. In Amerika war ich schon lange genug Professor gewesen, meine Kinder waren erwachsen, und ich dachte, ich werde schreiben. Deswegen begann ich, diese Bücher zu schreiben. Das erste war ja dann „Der Verrat am Selbst". Ich dachte einfach, dass ich mir alles von der Seele schreibe. Ich hatte Glück, denn der „Spiegel" besprach das Buch. Und plötzlich öffnete sich alles. Das Buch hatte dann eine Riesenauflage.

Sie erfuhren, dass es im europäischen Raum eine Offenheit für Ihre Gedanken gab?

Ja, anders als in Amerika.

Spricht das jetzt für die Menschen in Europa? Spricht es dafür, dass sie doch eher bereit sind, sich mit Vorgängen wie Hass und Verrat auseinanderzusetzen?

Ja, sie sind bereit, das Innere zu sehen.

Was es persönlich für mich einfacher machte, von Amerika wegzugehen, war der Tod meiner Freunde. Es ist ganz eigenartig, innerhalb von vier Jahren starben fünf von ihnen. Manche waren in meinem Alter, manche waren älter. Das machte es einfacher, wieder etwas Neues zu tun. Hier lernte ich auch Benedetti in Basel kennen, der mir sehr großzügig entgegenkam. Dann lernte ich den Psychoanalytiker Martti Siirala aus Helsinki kennen. Und den Psychoanalytiker Mehrwein, ein Züricher Analytiker, ein wunderbarer Mann, der leider früh starb. Es sind noch andere hier, Frieda Fromm-Hunzinger, auch eine Analytikerin in Zürich, die mir sehr wichtig geworden ist. Und dann war da Murray Cox in England.

Sie fühlen sich mit Ihrem Anliegen, das ja auch ein Lebensthema von Ihnen ist, verstanden und wahrgenommen?

Hier mehr als in Amerika. In den letzten Jahren werde ich immer wieder nach Amerika eingeladen, um dort Vorträge zu halten. Aber im Allgemeinen herrscht in Amerika eine antipsychoanalytische Stimmung: weg vom Inneren. Ich wünschte, es wäre anders. Aber die Hoffnung wird immer geringer, wenn ich mir jetzt auch die politische Führung ansehe.

Sie haben einmal geschrieben, dass es Ihre Hoffnung ist, dazu beizutragen, dass der zerstörerische Anteil zurückgedrängt werden kann, bevor er so stark wird, dass er uns überrollt. Dabei geht es weniger um große revolutionäre Antriebe. Sie möchten Mut machen für das tägliche Engagement und sich immer wieder auch bei jeder Gelegenheit dem Herzen zuwenden. Ich möchte zum Schluss von Ihnen wissen: Wenn Sie zurückblicken, würden Sie sagen: Ich habe einen kleinen Mosaikstein dem großen Ganzen hinzugefügt, damit diese Welt ein bisschen menschlicher und wärmer wurde? Und glauben Sie, es ist gesehen worden?

Ich tue es nicht, weil andere etwas gesehen haben oder sehen werden, sondern weil es für mich wichtig ist, so zu sein, um mir selbst ins Auge schauen zu können. Das ist für mich ein wichtiger Beweggrund. Es ist ein ständiges Ringen mit sich und mit der Welt. Aber das ist es, was einen lebendig bleiben lässt.

15426177R00096

Printed in Poland
by Amazon Fulfillment
Poland Sp. z o.o., Wrocław